Wie Rabatte

dein Geschäft ruinieren

und wie du ab sofort

profitabel zum Listenpreis

verkaufst.

Werner F. Hahn
Verkaufstrainer + Fachbuchautor

Herausgeber:

Werner F. Hahn GmbH

Willy-Brandt-Platz 6

55122 Mainz

Umschlaggestaltung:

Ingenium – Design und Kommunikationsmedien

www.ingenium-design.de

Cartoons: Markus Blatz

E-Mail: rotten.vegetable@gmx.de

Word-Beratung: Marina D'Avis

E-Mail: info@davis-grafik.de

Fotos: fotolia.com

Im Folgenden ist der Einfachheit immer vom „Verkäufer" die Rede, denn die ständige Unterteilung in „die Verkäuferin/der Verkäufer" oder „der/die VerkäuferIn" stört den Lesefluss erheblich. Seid mir bitte nicht gram, liebe Leserinnen, ich kann gar nicht frauenfeindlich sein, denn ich halte die Frauen sowieso für die besseren Verkäufer.

Herstellung und Verlag:

BoD - Books on Demand, Norderstedt

ISBN 978-3-7386-0220-3

Wissenschaftliche Untersuchungen sind zu dem Ergebnis gekommen, dass die „Du"-Ansprache der direktere Weg zum Unterbewusstsein ist. Du bist ja sicher daran interessiert, einen größtmöglichen Nutzen aus diesem Buch zu ziehen. Deswegen habe ich die „Du"-Ansprache gewählt. Solltest du weiterhin das „Sie" bevorzugen, dann stell dir bei jedem „Du" einfach vor, dass du mit „Sie" angesprochen wirst.

Inhaltsverzeichnis

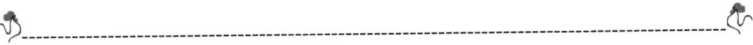

Das Märchen vom Gewinn

Was verdienen die deutschen Unternehmen überhaupt? Wie viel Euro bleiben dem Unternehmer von 100 Euro übrig als Gewinn? Das ist ja die Umsatzrendite, definiert als Gewinn/Umsatz und ausgedrückt in Prozent.

Im Fernsehen hatte ich vor einigen Jahren in den USA einen Report verfolgt, bei dem die Verbraucher gefragt wurden, was ein amerikanisches Unternehmen wohl verdient. Die Verbraucher schätzen den Wert auf 46 Prozent.

Die IHK in Deutschland hatte in einer Studie ermittelt, dass die deutschen Verbraucher den Wert auf ca. 33 Prozent schätzten. Im Regelfall liegen die Werte bei den Befragungen im Bereich – auch heute noch – bei 25 Prozent. Mit der Realität haben diese Werte sehr wenig zu tun.

Handelsunternehmen sind zufrieden, wenn sie eine Rendite von 1 bis 3 Prozent erreichen. Bei Industrieunternehmen gilt eine Rendite von 10 Prozent schon als überdurchschnittlich.

Bei Renditen von 20 oder 25 Prozent könnte man mit den Preisen ganz entspannt umgehen.

Liegt die tatsächliche Rendite jedoch im einstelligen Bereich, dann hat jedes Prozent mehr oder weniger gravierenden Einfluss auf die Gewinnlage eines Unternehmens. Erwirtschaftet ein Unternehmen eine Umsatzrendite von 1 Prozent, dann ist der Gesamtgewinn weg, wenn der Preis nur um 1 Prozent sinkt.

Im internationalen Vergleich schneiden die deutschen Unternehmen beim Gewinn sogar schlecht ab. Deutsche Unternehmen liegen mit einer Umsatzrendite nach Steuern von 4,2 Prozent an siebtletzter Stelle. Dabei ist das der beste Platz seit Jahren.

In den acht Jahren von 2003 bis 2010 landeten deutsche Unternehmen einmal auf dem letzten, fünfmal auf dem vorletzten und zweimal auf dem viertletzten Platz. Im Schnitt erreichten deutsche Firmen in der Zeit eine Rendite von 3,4 Prozent. Der Durchschnitt aller Länder lag bei 6,0 Prozent.

Die Unternehmen in der Schweiz schafften 9,3, in Großbritannien 6,6 und in den USA 5,1 Prozent.

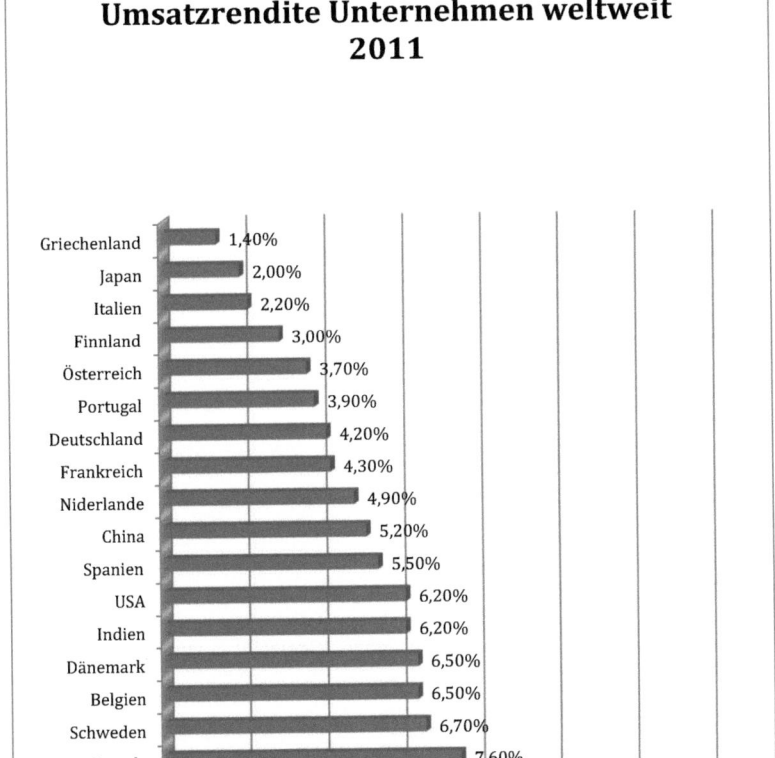

Umsatzrendite Unternehmen weltweit 2011

Land	Umsatzrendite
Griechenland	1,40%
Japan	2,00%
Italien	2,20%
Finnland	3,00%
Österreich	3,70%
Portugal	3,90%
Deutschland	4,20%
Frankreich	4,30%
Niderlande	4,90%
China	5,20%
Spanien	5,50%
USA	6,20%
Indien	6,20%
Dänemark	6,50%
Belgien	6,50%
Schweden	6,70%
Kanada	7,60%
Großbritannien	8,10%
Schweiz	8,30%
Norwegen	8,40%
Brasilien	10,20%
Russland	12,50%

Der Anfang vom Ende: Rabatte, Boni, Nachlässe...

Wer meine Trainings schon mal besucht hat oder ein Coaching mit mir genossen hat, der kennt mein Mantra:

Du musst zu mindestens 100% überzeugt sein von dem Preis deiner Produkte und Dienstleistungen.

Wenn du ein Verkäufer oder sogar ein Verkaufsleiter bist und du nicht an den Preis für deine Produkte und Dienstleistungen glaubst, dann hast du bereits mental eine starke Tendenz zu einem Preisnachlass entwickelt.

Es kann allerdings auch sein, dass du schon den Preis akzeptierst, aber da draußen in der schlechten Welt des Verkaufens geben ja alle einen Rabatt. Es ist ja mittlerweile üblich, einen Rabatt zu geben. Und ich kenne Verkäufer, die Fragen den Einkäufer, ob sie den Rabatt schon direkt einpreisen sollen.

Es fällt schwer zu glauben, dass Aufträge zu normalen Konditionen gewonnen werden.

Das muss ich dir sagen: *Mit jedem Rabatt bleibt dein Profit auf der Strecke.*

Vielleicht hast du auch die Einstellung, dass du dann eben mehr Umsatz machen musst. Aber Quantität wird niemals das kompensieren, was du beim Rabatt ausgegeben hast.

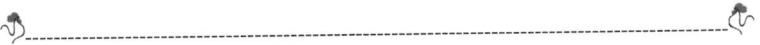

Der Anfang vom Ende bedeutet ja auch, dass du – wenn du einmal Rabatt gegeben hast – du immer wieder Rabatt geben wirst. Das wird dann dein Standard-Geschäft – einmal Rabatt – immer Rabatt.

Mach dich endlich vertraut damit, dass der Preis in deiner Preisliste der echte und wahre Preis ist. Stell dich mental darauf ein. Ansonsten werden deine Geschäfte nur dann erfolgreich sein, wenn du einen Rabatt gibst.

Stopp den Angriff auf den Profit. Diese Tipps werden dir dabei behilflich sein:

- Stell sicher, dass nur zum regulären Preis verkauft wird. Jede Änderung davon muss mit dem Vertriebsleiter abgestimmt werden.
- Werden neue Mitarbeiter für den Vertrieb eingearbeitet, wird die neue Unternehmenskultur „Keine Rabatte" vermittelt. WERThaltig und NUTZENorientiert ist die neue Marschrichtung im Unternehmen.
- Mit den passenden Trainings werden alle Verkäufer für diese neue Kultur geschult. Das führt dazu, dass in Zukunft das Produkt nur noch zu dem Verkaufspreis angeboten wird.

Klar, in einigen Fällen wirst du den Auftrag ganz schnell bekommen, sobald du mit dem Preis nach unten gehst. Der Adrenalinschub wird dazu beitragen, mental an den reduzierten Preis zu denken und es gehört jetzt viel Kraft dazu, zum regulären Preis zu verkaufen. Betrachtest du deine Erfolge mittel- und auch langfristig, so wirst du feststellen, dass ein rabattierter Preis keine Erfolge bringt.

Qualitätsführerschaft verträgt sich
nicht mir Preisführerschaft.

Setzen Sie auf steigende Preise.

Qualität muss weiter wachsen.

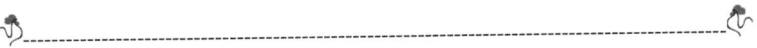

Welche Rabatt-Signale sendest du aus?

Vor einiger Zeit habe ich nachgedacht, mir eine neue Software für den CRM-Bereich anzuschaffen. Ich habe Gespräche mit Freunden, Bekannten und Geschäftspartnern geführt. Schließlich habe ich mich entschieden, ein bestimmtes Programm dafür einzusetzen.

Es ist schon erstaunlich, was man so alles erfährt, wenn man mit anderen Personen spricht. Bereits im frühen Gesprächsstadium hatte ich von einem Unternehmen den Hinweis bekommen: „*Die lassen mit sich handeln.*" Wow, was für eine großartige Botschaft.

Da habe ich mich für ein System entschieden, es für gut befunden und bevor es in die Preisrunde geht, lerne ich: „*Sie lassen mit sich handeln!*"

Ab dem Zeitpunkt war ich nicht mehr darauf konzentriert, die beste Software zu bekommen sondern den besten Preis. Bestimmte Vorteile und Nutzen habe ich nach hinten geschoben und war nur drauf fixiert, maximalen Profit für mich herauszuholen.

Möglicherweise denkst du jetzt darüber nach, dass es für dich das richtige Unternehmen ist, für das du gerne verkaufen willst. Ohne groß nachzudenken sofort einen Rabatt geben und das schnelle Geschäft machen. Aber das Problem ist, dass dieses Argument für dich nicht zieht, denn du hast zwei Varianten.

Erstens ist es deine Aufgabe, dem Interessenten klar zu machen, dass es das System ist, wonach er sucht. Zweitens sollst du einen Preis verhandeln, der den Wert der Software spiegelt.

Das ist ein ganz lausiger Verkaufsprozess.
Der Markt weiß, dass dieses Unternehmen Rabatte
gibt.

Versetz dich einfach in meine Lage des Käufers. Ich will kaufen, ich bin bereit zu kaufen – aber ich werde nicht kaufen zu deinen Konditionen. Ich werde mit dir spielen.

Das Ergebnis ist, dass ich innerlich gekauft habe aber erst nach einer gewissen Wartezeit nun wirklich zuschlagen werde. Je länger ich warte, umso mehr Rabatt/Nachlass bekomme ich.

Nimm jetzt die Position des Verkäufers ein. Der Verkaufsprozess dauert nun viel länger und es kommt weniger Geld in die Unternehmenskasse. Signalisierst du dem Interessenten, dass du bereit bist, Rabatte zu geben? Dann wirst du noch sehr häufig Kopfschmerzen bekommen.

8 Fragen die du dir stellen solltest, sobald du an Rabatt denkst

Viel zu viele Verkäufer machen sich keine Gedanken darüber, was es heißt, einen Rabatt zu geben. Sie sind eher daran interessiert, schnell den Auftrag in der Tasche zu haben. Dabei fühlen sie sich noch als Sieger – doch sie sind die *„Verlierer!"*

Hier kommen jetzt acht Fragen für dich. Denk nach, bevor du an Rabatt denkst.

1. Geht es in diesem Fall darum, den Preis eines Mitbewerbers zu unterbieten? Wenn du einen Rabatt anbietest, was hindert den Mitbewerber daran, einen weiteren Rabatt anzubieten? Willst du da wirklich mitspielen?

2. Wenn dies ein neuer Kunde ist, wie willst du in Zukunft zu einem höheren Preis verkaufen, wenn du ihm jetzt schon beim Erstauftrag einen Rabatt gibst?

3. Wenn es ein existierender Kunde ist und du ihm in diesem Fall einen Rabatt einräumst, wird er davon ausgehen, dass du ihn in der Vergangenheit über den Tisch gezogen hast? Wenn dem so ist, wie willst du weiter Vertrauen aufbauen?

4. Ist der Kunde, der eine Anfrage stellt, ein Kunde der immer bei dem Billigsten kauft?

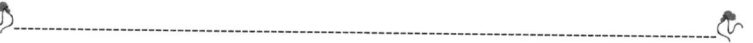

5. Ist der Kunde - bei dem du einen Rabatt gewähren willst - in der Vergangenheit ein schwieriger Kunde gewesen, mit dem du erfolglos verhandelt hast? Was gibt dir die Sicherheit, dass du ihm deine Produkte und Dienstleistungen doch noch zu einem höheren Preis verkaufen kannst?

6. Wie verhalten sich deine anderen Kunden, wenn sie erfahren, dass du einen Rabatt gegeben hast? Wie vielen anderen Kunden musst du dann ebenfalls einen Rabatt einräumen – zukünftig oder sogar rückwirkend?

7. Warum fragt der Kunden nach einem niedrigeren Preis? Was hast du falsch gemacht, so dass er den werthaltigen Nutzen noch nicht erkannt hat? Warum ist die Preissäule höher als die Wertsäule?

8. Woher weißt du, dass der Kunde nur bei dir kauft, wenn du ihm jetzt einen Rabatt einräumst?

Diese Fragen sollen dazu führen, dass du dich ein wenig zurücklehnst und in dich gehst, bevor du überhaupt über eine Änderung an der Preispolitik nachdenkst. WERThaltig und NUTZENorientiert Verkaufen können nur die wenigsten Verkäufer.

Die gute Nachricht: *das ist erlernbar!*

Was mich immer wieder erstaunt:

Obwohl der Mitbewerber das gleiche Angebot (angeblich) zum wesentlich niedrigeren Preis anbietet, verhandelt der Kunde hartnäckig mit dem Ziel die von mir als Verkäufer angebotenen Leistungen zum niedrigeren Konkurrenzangebot zu erhalten.

Das ist doch ein Widerspruch, der die höhere Wertschätzung meines Angebotes durch den Kunden still bestätigt.

Deswegen: LISTENPREIS!

Was Rabatte wirklich kosten

Verkäufer erzählen mir, dass ein kleiner Rabatt immer für den Kunden *„drin sein muss"*, denn ein kleiner Rabatt hat ja kaum Auswirkungen. Außerdem *„tue ich noch was gutes für meinen Kunden"* so die Argumentation.

Andere Verkäufer argumentieren auch, dass der kleine Rabatt den Entscheidungsprozess massiv beschleunigt hat und der Interessent ein gutes Gefühl hat.

Es spielt nun wirklich keine Rolle, welche Gründe für einen Rabatt von den Verkäufern angeführt werden. Auch nicht, welche Gefühle sie beim Interessenten erzeugen.

Tatsache ist:
ein Rabatt ist ein Rabatt und kostet Geld.

Wenn du deinem Interessenten einen Rabatt von nur 5% einräumst um den Auftrag zu bekommen, dann wirst du erstaunt sein, welcher Profit für das Unternehmen dabei verloren geht.

Gehen wir davon aus, dass dein Produkt einen Preis von € 100 hat und von jedem Verkauf bleibt ein Profit von € 15 (also 15%) übrig. Bei einigen Unternehmen sind es mehr Prozente und bei anderen auch weniger Prozente.

Verkaufspreis:	€ 100,00
Profit:	€ 15,00

Gibst du jetzt 5% Rabatt:

Verkaufspreis:	€ 100,00
5% Rabatt:	€ 5,00
Profit:	€ 10,00

Allein in diesem einfachen Beispiel ist der Profit um 33% reduziert. Der überwiegende Teil der Verkäufer setzt den Rabatt im Vergleich zu dem Verkaufspreis, doch das ist ein großer Fehler. Ein angebotener Rabatt ist kein Rabatt auf den Verkaufspreis. Es ist ein Rabatt auf den Profit.

Verkäufer geben gerne einen Rabatt, weil es sich nach ihren Angaben nur um kleinere Beträge handelt und weil es ja das Unternehmen betrifft und weniger den Geldbeutel des Verkäufers.

Sollte das Thema „Rabatt" doch aufkommen, dann sollte jeder Verkäufer und jede Führungskraft im Unternehmen den Rabatt im Verhältnis zum Profit setzen. Kommen wir wieder zurück auf das Beispiel.

Denkt ein Verkäufer über das Geschäft mit einem Rabatt von 5% nach, so kommt er schnell zu dem Ergebnis, das Geschäft jetzt abzuschließen. Gehen wir jetzt davon aus, dass es sich um ein Geschäft mit einer Reduzierung des Profits um 33% handelt, so sieht die Welt plötzlich anders aus. Jetzt heißt es: *„Ende – aus!"*

In meinem Beispiel müsste jetzt der Verkäufer zu seinem Boss gehen und um zwei Dinge bitten: zum einen um einen Rabatt von 5% und um die Reduzierung des Profits um 33%. Welcher Verkäufer traut sich schon seinen Boss das zu fragen? Denn damit drückt der Verkäufer doch aus, dass er nicht verkaufen kann.

Aus diesem Grund ist es wichtig, dass der Verkäufer lernt, dass ein Rabatt immer ein Rabatt auf den Profit ist.

Als Führungskraft im Unternehmen kann es problematisch sein, die finanziellen Eckdaten mit dem Vertriebsteam zu besprechen. In diesem Fall bietet es sich an, immer von einem Standard-Prozentsatz auszugehen wie in dem Beispiel mit den 15%. Das versteht der Verkäufer eher und es werden die endlosen Diskussionen im Finanzgebaren des Unternehmens vermieden.

Rabatte geben kostet extrem viel Geld und es bedarf einer großen Überzeugungsarbeit bei den Verkäufern.

Verkäufer – wenn sie mit Rabattforderungen konfrontiert werden - gehen immer davon aus, dass der Profit Ihres Unternehmens zu hoch angesetzt ist.

Nur dies ist ein falsches Argument, weil der Profit exakt im Unternehmen gemessen wird und den Erfolg eines Unternehmens widerspiegelt. Je weniger Profit, umso weniger erfolgreich ist das Unternehmen. In dieser Situation wird es für den Verkäufer wieder schwierig, den WERThaltigen Nutzen zu vermitteln.

Ich habe noch nie einen Verkäufer gefunden, der zugegeben hat, dass er schlecht im Verkaufen ist. Verlangt ein Verkäufer bei seinem Boss einen Rabatt für seine Verkaufsaktivitäten, so drückt er aus, dass er ein schlechter Verkäufer ist.

Wie Rabatte deinen Gewinn schmälern (aus Preisheiten)

Wie Rabatte deinen Gewinn schmälern

Rabatte in Höhe von...	Der ursprüngliche Bruttogewinn beträgt 5 % und führt zu einer Verringerung des Gewinns um...	Der ursprüngliche Bruttogewinn beträgt 10 % und führt zu einer Verringerung des Gewinns um...	Der ursprüngliche Bruttogewinn beträgt 15 % und führt zu einer Verringerung des Gewinns um...	Der ursprüngliche Bruttogewinn beträgt 20 % und führt zu einer Verringerung des Gewinns um...
2,0 %	40,0 %	20,0 %	13,3 %	10,0 %
3,0 %	60,0 %	30,0 %	20,0 %	15,0 %
4,0 %	80,0 %	40,0 %	26,6 %	20,0 %
5,0 %	100,0 %	50,0 %	33,3 %	25,0 %
7,5 %	Verlust	75,0 %	50,6 %	37,5 %
10,0 %		100,0 %	66,6 %	50,0 %
12,5 %		Verlust	83,3 %	62,5 %
15,0 %			Verlust	75,0 %

So viel Mehrumsatz müssen deine Rabatte bringen

Rabatte in Höhe von...	Der ursprüngliche Bruttogewinn beträgt 5 % und verlangt einen Mehrumsatz von...	Der ursprüngliche Bruttogewinn beträgt 10 % und verlangt einen Mehrumsatz von...	Der ursprüngliche Bruttogewinn beträgt 15 % und verlangt einen Mehrumsatz von...	Der ursprüngliche Bruttogewinn beträgt 20 % und verlangt einen Mehrumsatz von...
2,0 %	66,6 %	25,0 %	15,4 %	11,1 %
3,0 %	150,0 %	42,8 %	25,0 %	17,6 %
4,0 %	400,0 %	66,6 %	36,4 %	25,0 %
5,0 %	nicht möglich	100,0 %	50,0 %	33,3 %
7,5 %		300,0 %	100,0 %	60,0 %
10,0 %		nicht möglich	200,0 %	100,0 %
12,5 %			500,0 %	166,6 %
15,0 %			nicht möglich	300,0 %

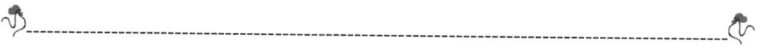

Die unverstandene Rolle des Preises

Es erstaunt mich immer wieder, wie wenig die Bedeutung des Preises für den Gewinn durchschaut wird. Obwohl die grundlegenden Zusammenhänge einfach sind, fehlt vielen Managern das spontane Verständnis. Nehmen wir den folgenden Fall. Der Preis ist 100 Euro, die variablen Stückkosten betragen 60 Prozent, die Absatzmenge eine Millionen Stück.

Nun die Frage: Wenn man den Preis um 20 Euro senkt, wie viel muss man verkaufen, um den gleichen Gewinn zu erzielen? Spontan antworten viele Manager: „20 Prozent." Diese Antwort ist falsch. Die Abbildung zeigt, was passiert und wie viel man absetzen muss, um denselben Gewinn zu erzielen.

Gewinnwirkungen einer Preissenkung (aus Preisheiten)

	Ausgangs-situation	Preissenkung von 20 %, Absatzsteigerung von 20 %	Preissenkung von 20 %, Gewinn konstant
Preis in Euro	100	80	80
Absatz (Stück)	1 Mio.	1,2 Mio.	2 Mio.
Umsatz (Mio €)	100	96	160
Variable Kosten (Mio €)	60	72	120
Deckungsbeitrag (Mio €)	40	24	40
Fixkosten (Mio €)	30	30	30
Gewinn (Mio €)	10	-6	10

Setzt man nur 20 % mehr ab, so gerät man in die Verlustzone. Wenn der Preis auf 80 Euro zurückgeht, halbiert sich der Deckungsbeitrag (= Differenz zwischen Preis und variablen Stückkosten). Man muss also die doppelte Menge verkaufen, um wieder auf einen Gewinn von 10 Mio. Euro zu kommen.

Wie du siehst, sind das einfache Rechnungen. Dennoch sind viele Manager erstaunt, welch katastrophaler Gewinneinbruch bei einer Preissenkung von 20 Prozent eintritt, wenn die Absatzmenge nur im 20 Prozent steigt.

Sie sparen die Mehrwertsteuer von 19 %?

Beliebt sind bei Händlern Aktionen, bei denen den Kunden die Mehrwertsteuer erlassen wird. Bei Erlass der Mehrwertsteuer von 19 % beträgt der Rabatt für den Endverbraucher übrigens nicht 19, sondern nur 15,96 Prozent. Denn die 19 % Mehrwertsteuer beziehen sich auf den Preis inkl. MwSt. also 119, so dass sich ein Rabatt von 19/119 = 15,96 Prozent ergibt. Der Kunde glaubt natürlich, einen Rabatt von 19 % zu bekommen.

Was bringt eine solche Aktion?

Hier kommt ein Beispiel. Mit Mehrwertsteuer setzen wir die Absatzmenge auf 100, den Preis inkl. der Mehrwertsteuer von 19 % auf 119 Euro. Wir unterstellen eine Bruttospanne von 30 Prozent, also variable Stückkosten von 70 Prozent. Die Fixkosten nehmen wir der Einfachheit halber mit Null an. In der Ausgangssituation ergibt sich ein Gewinn von 3.000 Euro. Die beiden Spalten „Ohne MwSt." zeigen, was bei gleichem Absatz bzw. bei gleichem Gewinn passiert:

	Ausgangs-situation mit MwSt.	Ohne MwSt. Gleicher Absatz	Ohne MwSt. Gleicher Gewinn
Absatz in Stück	100	100	213
Preis in Euro	119	100	100
Umsatz in Mio Euro	11.900	10.000	21.300
Stückkosten in Euro	7.000	7.000	14.900
Mehrwertsteuer in Euro	1.900	1.579	3.400
Gewinn in Mio Euro	3.000	1.403	3.000

Bei gleichem Absatz würde der Gewinn um mehr als die Hälfte sinken. Um den gleichen Gewinn wie in der Ausgangssituation zu erzielen, müsste der Absatz um 113 Prozent steigen, also mehr als verdoppeln.

Die von dem Vorstand hochgelobte Steigerung der Kundenzahl von 40 Prozent reicht bei weitem nicht, selbst wenn die Kunden etwas mehr kaufen als bisher. Es ist äußert unwahrscheinlich, dass sich solche Preisaktionen rechnen. Auf solche Aktionen sprechen Sonderangebots- und Rabattjäger an, die sich durch eine geringe Ladentreue auszeichnen.

Rabattierte Preise bringen dir rabattierte Kunden

Rabatte zu geben bedeutet ja nicht nur, das Verhältnis Preis/Wert ins Verhältnis zu setzen. Es bringt dir auch vermehrt armselige Kunden. Und wer von uns will schon armselige Kunden haben?

Interessenten und Kunde, die ausschließlich über den Preis kaufen, halten dich auch in vielen anderen Punkten auf Trab.

In vielen Fällen merkt der Verkäufer das erst, wenn es zu spät ist. Die grundsätzliche Einstellung dazu ist ja, dass ein Auftrag mit einem Rabatt immer besser ist als gar kein Auftrag.

Liest und hört sich einfach an, oder? Und jetzt ist es als wenn es nur um den Profit geht. Die Realität ist, dass der Verlust noch viel größer ist als nur der reine Profit-Verlust.

Sobald dein Kunde festgestellt hat, dass er bei dir einen niedrigen Preis bekommt, wird er weitere Forderungen auch in anderen Punkten aufstellen. Dann gerät dein Geschäft langsam außer Kontrolle.

Die kleine Forderung entwickelt sich zu einem großen Sturm. Das muss nicht unbedingt der Zeitfaktor sein, sondern es reicht, wenn zusätzliche Ressourcen gebunden werden. Der Abschluss wurde rabattiert und die weiteren Leistungen müssen ebenfalls rabattiert werden durch die zusätzliche Arbeit.

Einige von Ihnen werden jetzt argumentieren, dass das doch ein zusätzlicher großartiger Service des Unternehmens ist. Das macht Sinn, doch was ist mit den Kosten die dabei entstehen? Selbst bei diesem großartigen Service ist es doch fraglich, wie du in Zukunft den einmal rabattierten Preis wieder nach oben setzen willst.

Wenn es dein Ziel ist, mit dem „billigen Jakob"
zusammenzuarbeiten, dann brauchst du nur einen
Rabatt geben.

Willst du deinen Profit für das Unternehmen sichern und die Kosten unter Kontrolle halten, dann ist die Rabattierung der schlechteste Weg.

Der Kampf um den Preis wird in Zukunft
noch erbitterter geführt.

Was tust du dagegen?

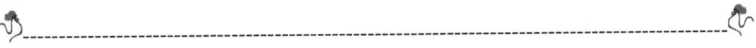

Probleme beim Abschluss? Rabatte helfen dir nicht weiter

Verkäufer gehen gerne den einfachen Weg zum Abschluss hin und ein Rabatt wird vorschnell angekündigt. In vielen Verkaufstrainings wird ja auch vermittelt, dass ein kaufbereiter Interessent noch schneller abschließen wird, sobald ein Rabatt angekündigt wird.

Diese Denkweise bringt ein großes Problem mit sich.

Problem #1:
Bietest du einen rabattierten Preis an um den Auftrag zu machen, verändert das den gesamten Verkaufsprozess. Egal ob du den Auftrag jetzt bekommst oder auch nicht – die Rabattierung wird bei dir zu einem Standard im gesamten Verkaufsprozess. Damit werden andere Punkte des Verkaufsprozesses überlagert. Unbewusst bedeutet das für uns, dass wir weggehen vom Fokus der Vorteile und Nutzen für den Interessenten/Kunden und uns nur noch auf den Rabatt konzentrieren.

Problem #2:
Zweites Problem – und das ist viel größer – lässt in dem Käufer die Zweifel wachsen, sobald der Verkäufer einen Rabatt einräumt. Die Zweifel teilen sich auf in zwei Arten. Zum einen entstehen beim Käufer die Zweifel über den Wert des Produktes und zum anderen entsteht der Eindruck, dass der Verkäufer nicht hinter dem steht, was er verkauft. Es entsteht ein Glaubwürdigkeitsproblem.

Problem #3:

Hat der Verkäufer dem Kunden einen Rabatt angeboten, dann glaubt doch jeder Kunde, dass er einen weit höheren Rabatt einfordern kann. Er geht davon aus, dass – um das Geschäft jetzt abzuschließen – der Verkäufer weitere Zusagen macht. Warum sollte der Kunde auch mit dem Angebot zufrieden sein, wenn er noch mehr herausholen kann?

Siehst du nun, wie verheerend diese Problem sein können?

Im gesamten Verkaufsprozess sollte es dem Verkäufer untersagt sein, einen Rabatt oder Nachlass zu geben.

Die Ausgangsbasis ist doch, dem Interessenten/Kunden den werthaltigen Nutzen zu verkaufen. Denk einen Moment darüber nach. Dazu noch eine Frage an dich als Verkäufer: *„Was ist deiner Meinung nach die zentrale Aufgabe für Mitarbeiter im Verkauf und Vertrieb?"*

STOPP: bitte erst antworten und dann weiterlesen!

Was hast du geantwortet? *„Kundenorientierung"*? Das ehrt dich. *„Umsatz erzielen"*? Das kommt der Sache schon näher, ist aber dennoch falsch. *„Deckungsbeiträge erwirtschaften"* – Volltreffer! Dein Ziel ist es, Umsatz zu bestmöglichen Konditionen zu erzielen. Schließlich ist das primäre Ziel eines Wirtschaftsunternehmens PROFIT!

Wenn du im gesamten Verkaufsprozess immer wieder von werthaltigen Nutzen sprichst und am Ende des Gesprächs von Rabatten – was sagt das aus über das, was du vorher alles erzählt hast? Nichts – es verpufft und fokussiert den Kunden auf deine Rabatte.

Ein einfacher Weg um Rabatte zu vermeiden

Willst du Rabatte vermeiden? Eine wunderbare Möglichkeit besteht darin, dass du in der Abschlussphase drei wichtige Bedürfnisse des Kunden kennst.

Damit erreichst du, dass dein Gesprächspartner sich auf die Wünsche, Ziele, Träume konzentriert und seine Probleme schnell lösen will.

Der Preis spielt überhaupt keine Rolle, wenn die Bedürfnisse, Träume und Wünsche klar definiert sind und der Kunde exakt weiß, was er mit deinen Produkten und Dienstleistungen gewinnt oder vermeidet.

Sobald du den Kunden auf den werthaltigen Nutzen konzentriert eingestimmt, besteht überhaupt keine Notwendigkeit, über den Preis zu sprechen. Und der Kunde ist so involviert, dass er auch keinen Grund hat, am Preis zu mäkeln.

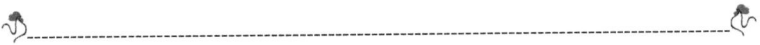

Werden die Bedürfnisse des Kunden nicht präsentiert, dreht sich wieder alles nur um den Preis, da der Kunde den werthaltigen Nutzen für sich nicht erkennt.

Du wirst mehr profitable Abschlüsse erzielen, wenn du weniger an den Preis denkst und dich zu 100% auf den Kunden mit seinen Bedürfnissen und Wünschen konzentrierst.

Deswegen ist es wichtig, dass gerade im Erstgespräch in der Bedarfsanalyse die richtigen Fragen gestellt werden:
„Was ist für Sie besonders wichtig?" Nach der Antwort kommt gleich die nächste Frage: *„Warum?"*

„Wie sieht das für Sie ideale Angebot/Produkt/Dienstleistung konkret aus?" Nach der Antwort kommt gleich die nächste Frage: *„Warum?"*

„Was würde sie an (Produkt/Dienstleistung) nicht nur interessieren, sondern auch begeistern?" Nach der Antwort kommt gleich die nächste Frage: *„Warum?"*

„Ich habe Sie also richtig verstanden: Ihnen ist wichtig, dass...?"

„Wann soll geliefert/installiert werden? Wir liefern immer dienstags und donnerstags – welcher Termin passt Ihnen besser?"

9 Beispiele, um deinen Preis mit der Gewinnspanne zu argumentieren

Viele Kunden versuchen immer wieder, einen Preisnachlass auszuhandeln. Sie begründen dies mit der absurden Idee, dass der Preis deswegen so hoch ist, weil die Gewinnspanne des Unternehmens so hoch ist. Ihr Stolz auf Ihren Preis verlangt, dass Sie entschlossen und mit Selbstrespekt antworten, weil Sie als Unternehmer und Verkäufer einen Anspruch auf Gewinn haben.

1. *„Ja, unser Preis beinhaltet auch eine vernünftige Gewinnspanne. Unser Gewinn ist Ihre Versicherung, dass wir weiterhin in diesem Geschäft aktiv sind und Service und Wartung während der Lebenszeit unserer Produkte garantieren. Wie wichtig ist das für Sie?"*

2. *„Ich glaube, Sie stimmen mir zu, dass es doch keinen Sinn macht, einen Auftrag ohne eine Gewinnspanne zu bekommen. Wie hoch ist Ihr Vertrauen in ein solches Unternehmen, das auf diese Weise Geld verliert?"*

3. *„Sie wissen doch besser als ich, dass eine vom Unternehmen gewährte Preissenkung irgendwo kompensiert werden muss. Sollen wir bei der Garantie etwas abzwacken? Sollen wir vom Service etwas abzwacken, gerade wenn Sie ihn mal dringend benötigen? Oder sollen wir unseren Lagerbestand reduzieren und somit die Wartezeit für Ersatzteile erhöhen? Ich glaube nicht, dass Sie der Meinung sind, wir sollen einen von diesen Punkten so handhaben. Sehe ich das richtig?"*

4. *„Sie sehen, wenn Sie dieses Produkt kaufen, machen wir einen Profit. Aber wir machen den Profit nur einmal – beim Verkauf. Ihr Profit mit dem Produkt wird permanent sein. Sie benutzen dieses Produkt über mehrere Jahre, und jedes weitere Jahr kommt Ihrem Profit zugute. Was halten Sie von dieser Investition?"*

5. *„Wenn wir den Preis reduzieren, wo sollen wir etwas abschneiden? Sie stimmen mir zu, dass wir irgendwo etwas abschneiden müssen. (Warte auf Antwort.) Von unserem Profit kann es nicht kommen, da wir weiterhin in diesem Geschäft aktiv sein wollen. Es kann von unseren Ausgaben nicht kommen, da dieses Fixkosten sind. Es kann von unseren Kosten nicht kommen, da wir feste Kosten bei unseren Lieferanten haben. Sie sehen, da gibt es keinen Weg, den Preis zu reduzieren."*

6. *„Unser bescheidener Profit ist weitaus geringer als der addierte Nutzen, den wir anbieten. Wir bieten Ihnen ein Qualitätsprodukt, einen zuverlässigen Service und eine Spitzenleistung in der pünktlichen Lieferung. Seit vielen Jahren haben wir uns den Respekt unserer Kunden verdient, und alle wissen, dass wir zu 100 Prozent hinter unseren Produkten und Dienstleistungen stehen. Wie wichtig ist das für Sie?"*

7. *„Wenn Sie alle unterschiedlichen Modelle und Preise vergleichen, werden Sie feststellen, dass wir mit dem Profit unter anderem unsere Mitarbeiter ausbilden. Diese Mitarbeiter werden mit Ihnen gemeinsam die Installation und die Wartungen durchführen. Es gibt einige wenige Firmen, die zu günstigeren Konditionen verkaufen. Wenn es jedoch zu einem Servicefall kommt, können Sie der Verlierer sein und ich will, dass Sie zu den Gewinnern gehören. Was halten Sie von meinem Vorschlag?"*

8. „Profit muss sein, Herr Zimmermann. Sie benötigen den Profit, um die Gehälter der Mitarbeiter zu bezahlen, die Aus- und Weiterbildung der Mitarbeiter und die Entwicklung neuer Produkte. Das ist doch in Ihrem Unternehmen auch so. Wenn Sie auf den Profit verzichten, wird die Todesspirale einsetzen, und die endet immer mit der Insolvenz. Wir sind bekannt dafür, dass wir über eine sehr hohe Kundenloyalität verfügen. Wie wichtig ist das für Sie?"

9. „Was tun Sie, Herr Just, wenn Ihre Verkäufer zu Ihnen kommen und sagen: Chef, wir müssen sofort die Preise senken, da kauft wieder einer Marktanteile über den Preis. Herr Just, senken Sie sofort die Preise? Wie verhalten Sie sich da, Herr Just?"

Jeden Morgen wacht in Afrika eine Gazelle auf. Sie weiß. dass Sie schneller laufen muss als der schnellste Löwe, sonst wird sie gefressen.

Jeden Morgen wacht in Afrika ein Löwe auf. Er weiß, dass er schneller laufen muss, als die langsamste Gazelle, sonst wird er verhungern.

Egal ob du Löwe oder eine Gazelle bist, wenn die Sonne aufgeht, solltest du durchstarten.

Warum der Preis kein direkter Kaufgrund ist

Im alltäglichen Spiel um Macht und Durchsetzungskraft ist der Preis nur ein „Joker". Wir nennen das Ganze „Verkaufsgespräch". Dieser Part ist zweifelsohne mit der schwierigste Part im gesamten Verkaufsprozess. Sitzt der Interessent tatsächlich am längeren Hebel? Auf jeden Fall gibt es Behauptungen, die wir nicht widerlegen können.

Es ist anspruchsvoll für uns, hinter die Maske des Kunden zu blicken, um seine wahren Bedürfnisse, Träume und Wünsche zu entdecken und so zielgerichtet zu argumentieren. Mit intensiven Kenntnissen über die Körpersprache sollte es uns gelingen, doch erheblich mehr über den Menschen und sein Inneres zu erfahren.

Was kaufen Interessenten und Kunden wirklich?

Ein Kunde kauft nie ein Produkt sondern immer die damit verbundene Bedürfnisbefriedigung.

Er kauft Träume, Wünsche, gute Gefühle, Erfüllung seiner Sehnsüchte, Problem-lösungen, sichtbaren Erfolg im Business, ein Vertrauensverhältnis ohne Enttäuschungsgefahr, Lebensqualität und Seelenfrieden.

Kunden kaufen immer den Nutzen. Es ist die Antwort auf die Frage: *„Was bringt mir das?"* Nur wenn diese Interessenten- und Kundenfrage entsprechend beantwortet wird, ist ein Kaufabschluss möglich.

Kunden und Interessenten brauchen doch unser Produkt bzw. unsere Dienstleistung:

- Er will doch unsere Ware zu seinem Gewinn umsetzen.
- Er will doch mit unserer Hilfe Kosten einsparen.
- Er will doch mit unseren Produkten und Services in seinem Unternehmen bestimmte Probleme lösen.
- Er will doch durch unser Wissen entsprechende Vorteile erzielen.
- Er will von unserem Service profitieren.

Nicht der Preis regiert die Welt, sondern die Gedanken des Kunden. Deswegen ist alles nicht so schlimm, wie uns im ersten Moment das *„zu teuer"* signalisiert. Stelle dir vor, deine Kunden sprechen nur davon, dass deine Produkte *„untauglich"* sind oder *„von ganz schlechter Qualität."* Da müssten wir zu Kreuze kriechen und uns wirklich einen neuen Job suchen.

E.-Norbert Destroy schreibt:

„Da stehen wir nun also dem bestens „trainierten" Kunden gegenüber, der sich für heute einen Sieg vorgenommen hat... Alle Produktvorteile, Nutzen, alle Argumente vergessen... das ganze Gespräch nur auf den Preis konzentrieren... so hat er sich eingeimpft..."

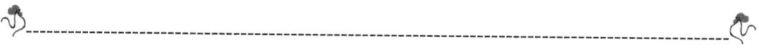

Und für uns als erfolgreiche Verkäufer geht es darum:

1. Der Kunde muss in seinen Augen gewinnen.
2. Der Kunde muss zufrieden das Verkaufsgespräch verlassen.
3. Der Kunde braucht natürlich unser Produkt.
4. Wir brauchen für unser Produkt unseren Listenpreis.
5. Der Kunde braucht ein wirklich gutes Gefühl.
6. Also braucht der Kunde die Überzeugung, dass mit dieser Investition für unser Produkt der größte werthaltige *Nutzen* der erstrebte *Sieg* für ihn ist.

Der Preis hat sich heute nur deswegen so weit in den Vordergrund geschoben, weil der überwiegende Teil der Verkäufer Angst vor dem Preisgespräch haben und die Kunden wissen, dass sie einen Rabatt bekommen, wenn sie gezielt danach fragen.

Was sind die wichtigsten sechs Kaufmotive:

1. Profit, Gewinn, Geld verdienen, Zeiteinsparung, geringer Kostenaufwand.
2. Komfort, Vergnügen, Spaß.
3. Prestige, Stolz, Anerkennung.
4. Freude, Seelenfrieden, Sympathie.
5. Sicherheit, Gesundheit, Sorgenfreiheit.
6. Ökologie und Umwelt.

Was jetzt dein Produkt kann, ist für den Kunden völlig uninteressant. Wichtig ist wieder: *„Was bringt es ihm?"* Hier kommen einige Punkte:

- Sein eigenes Produkt verkauft er profitabler (Gewinn).
- Seine Produkte werden dadurch aufgewertet (Prestige).
- Lieferungen erfolgen immer pünktlich, auch bei kurzfristiger Bestellung (Sicherheit).
- Mitarbeiter arbeiten gerne mit den neuen Produkten (Freude, Seelenfrieden).
- Der Energieeinsatz wird reduziert (Ökologie und Umwelt).
- Ausschussquote wird gesenkt (Gewinn).
- Projektlaufzeiten werden reduziert (Profit).

Für dich als Verkäufer gilt es, in der Phase der Bedarfsanalyse mit der Fragetechnik die wahren Kaufmotive herauszufinden. Nur wenn du hier die richtigen tiefergehenden Fragen stellst, wird du später in der Vorteil-/Nutzenargumentation seine wahren Kaufmotive ansprechen und so direkter zum Abschluss kommen.

Als Anlage I (Seite 98) habe ich die Kaufmotive mit entsprechenden Fragen ergänzt. Mit den Antworten erkennst du, welches Kaufmotiv für deinen Gesprächspartner besonders wichtig ist.

Produktwert braucht gelebte Werte.

Wer die billigste Garderobe trägt und
wer den ältesten Wagen fährt,
der tut sich wirklich schwer, von 8 bis 17 Uhr ein
Produkt mit einem werthaltigen Nutzen zu
verkaufen.

Welche Nutzenerwartungen haben deine Interessenten?

Der Techniker:
- Zuverlässige Technik, sichere Funktionen
- Reibungsloser Produktionsablauf als Grundlage für eine kostenoptimierte Fertigung
- *„Stand der Technik"* - raffinierte technische Lösungen
- Kompatibilität
- Geringe Durchlaufzeiten, einfache Produktionsprozesse
- Berücksichtigung bestehender Abläufe
- Einfache Bedienung, Verarbeitung, Wartung
- Vereinfachung, Verkleinerung, Gewichtsersparnis usw. von Elementen und Baugruppen

Der Einkäufer:
- Einfache Bestellvorgänge, möglichst geringer Verwaltungs-aufwand
- Übersichtliche Anzahl von Lieferanten, damit verbundene Bündelung von Einkaufsmengen und Anzahl der Bestellungen
- Zuverlässige, termingerechte Abwicklung, flexible und schnelle Lieferung
- Bestes Preis-/Leistungs-Verhältnis
- Einen kompetenten Ansprechpartner im Unternehmen

Der Geschäftsführer:
- Positive Auswirkungen auf Gewinn, Kosten, Umsatz, Image, Betriebsklima, Organisation
- Strategische Aspekte wie Erzielen von Wettbewerbsvorteilen
- Verminderung von Risiken

Deine Weichmacher im Preisgespräch

„Und was kostet das?" fragte direkt der Unternehmer schon zu Beginn des Verkaufsgespräches. *„Das kostet..."* antwortete der Verkäufer und damit startete er das Preisgespräch.

In meinen Trainings bringe ich immer zwei Wörter und lasse die Teilnehmer aufmalen, was sie unter dem Wort verstehen. Bei dem einen Wort malen 80 Prozent der Teilnehmer Sonne, Palmen, Schiffe, Strand und Meer. Bei dem zweiten Wort malen sie eine Machete, ein scharfes Messer, einen Krummdolch usw. Ist doch erstaunlich, was so manche Wörter in uns hervorrufen, oder?

Das Wort *„Kosten"* gehört auch zu den Wörtern, das eng in Verbindung mit dem Krummdolch steht. Warum verwenden Verkäufer diese Wörter? Ganz klar, weil sie es nicht gelernt haben, positiv besetzte Wörter einzusetzen. Die Alternative zu dem Wort *„Kosten"* ist doch das Wort *„Investition."* Der Unterschied? *„Kosten"* gehen gleich aus der Geldbörse raus und bei einer *„Investition"* fließt etwas zurück. Insofern ist es doch viel besser, zu antworten:

„Ihre Investition beträgt..."

Schauen wir uns einige Äußerungen von Verkäufern an:

#1:
Frage des Interessenten: *„Was soll der Wagen kosten?"*
Verkäufer: *„Dafür will ich eigentlich 9.500 Euro haben"* (die Verwendung des Wortes eigentlich drückt hier aus, dass er mit 8.500 auch zufrieden ist).

Besser: *„So wie der Wagen da steht mit der Nano-Versiegelung und der TÜV-Abnahme gebe ich Ihnen den Wagen für Neunfünf und dazu lege ich noch vier komplette Winterräder obendrauf. Wollen Sie gleich mit dem neuen Wagen vom Hof fahren?"*

#2: Frage des Interessenten: *„Wie hoch ist denn Ihr Tageshonorar?"*
Berater: *„Ich habe mir einen Tagessatz von 1.950 Euro* <u>*vorgestellt*</u>.*"*
Besser: *„Ja das sage ich Ihnen gerne, Frau Interessentin, mit der Vorbereitungszeit für Ihre unternehmensspezifischen Punkte und mit dem Tagestraining beträgt mein Honorar 1.950 Euro mit acht Teilnehmern – zu welchem Termin soll das Training stattfinden?"*

Folgende Weichmacher werden gerne eingesetzt:

- *„Dieses Gerät verkaufen wir <u>normalerweise</u> um 3.900 Euro."*
- *„Die Kombination von Anzug und zwei Hosen <u>käme</u> auf 900 Euro."*
- *„Das <u>Ziel für uns sollte sein,</u> einen Projektpreis von 90.000 Euro zu erzielen."*
- *„Die Vierfarbanzeige in der Sonderausgabe <u>würde</u> 2.900 Euro kosten."*
- *„Ich weiß, es ist <u>nicht ganz billig</u>..."*
- *Also, ich denke, über den Preis werden wir uns <u>schon einig</u>..."*
- *„Im <u>Normalfall kostet</u> es..."*
- *„<u>Grundsätzlich</u> ist der Listenpreis..."*

Du erkennst, welche Feinheiten im Preisgespräch eine Rolle spielen? Es muss nicht immer die klare Ansage *„Da ist preislich für Sie noch was drin"* sein. Deine kleinen, feinen Andeutungen und deine non-verbalen Körpersignale laden deinen Gesprächspartner dazu ein, mit dir ein Preisgespräch zu führen.

Setz jetzt die neuen Wörter im Tagesgeschäft ein:

Bisher	Jetzt
Kosten, Preis	Investition, Betrag
Billig	Preiswert, günstig, attraktiv
Teuer	Wertvoll, preisWERT, exklusiv, kostbar
Einwand	Frage, Argument, Sichtweise, Aspekt
Zugeständnis	Vorschlag, Entgegenkommen
Ich muss...	Ich will...
Keine Information geht Ihnen verloren	Alle Informationen liegen Ihnen rechtzeitig vor
Es ist nicht unüblich, dass...	Es ist üblich, dass...
Das ist schon nicht unwichtig	Das ist wichtig
Ist das für Sie interessant?	Wie interessant ist das für Sie?
Können wir einen Termin vereinbaren?	Mein Terminangebot ist Wochentag – Datum – Uhrzeit – wie sieht es da bei Ihnen aus?
Die hohe Abhängigkeit des VfL Wolfsburg-Finanziers VW vom chinesischen Automarkt habe dabei keine unwesentliche Rolle gespielt.	Die hohe Abhängigkeit des VfL Wolfsburg-Finanziers VW vom chinesischen Automarkt habe dabei eine wesentliche Rolle gespielt.

Woran erkennen Interessenten und Kunden die Preisangst des Verkäufers?

- Stimme senken, räuspert sich, hüstelt
- Pause vor der Preisnennung machen
- Leiser werden in der Stimme
- Blickkontakt unterbrechen
- Rutscht auf dem Stuhl unruhig hin und her
- Verwenden von Füllwörtern
- Sehr ernst schauen
- Augenbrauen hochziehen
- Nervöse Bewegungen (mit dem Fuß wippen, Kugelschreiber hektisch ein und raus,)
- Langsamer sprechen
- Drumherum quasseln
- Den Preis nicht genau kennen
- Entschuldigen
- Vorschnelles Anbieten von Alternativen
- Langatmiges Erklären von Preisgründen
- Zusammenkneifen der Augen
- Jammern
- ....
- ....
- ....

Wodurch strahlen Verkäufer Sicherheit im Preisgespräch aus?

- Aufrechte, offen Körperhaltung
- Blickkontakt halten
- Lächeln
- Ruhige und feste Stimme
- Humor
- Preis ganz selbstverständlich nennen
- Von Erfolgen sprechen
- Kunden mit Namen ansprechen
- Angemessene Sprechgeschwindigkeit
- Offene und emotionale Fragen stellen
- Strahlende Augen
- Einsatz von positiven und zielorientierten Wörtern
- Preis offensiv darstellen
- ....
- ....
- ....

Deine Interessenten und Kunden stellen nur dann den Preis in den Vordergrund, wenn Sie
a) den Nutzen noch nicht erkannt haben oder
b) dir nicht vertrauen.

Wie entschärfst du Preisverhandlungen bereits im Vorfeld?

- Ansprechendes und vollständiges Info-Material
- Seriöse Erscheinung der Mitarbeiter (Vertrieb, Service etc.)
- Rasche, kundenorientierte Erledigung von Kundenanliegen
- Angebote nur mit Vorabgespräch
- Werthaltige Angebote werden persönlich überbracht
- Klären der Entscheidungskompetenz des Ansprechpartners (Wenn der Chef den Auftrag genehmigen muss, wird er versuchen, den Preis nochmals zu drücken)
- Anbieten von (kostenlosen) Zusatzleistungen
- Genau auf die Bedürfnisse des Kunden maßgeschneiderte Lösungen anbieten (in der Bedarfsanalyse konkret erfragen)
- Abklären des Preisrahmens / Budgets
- Nutzenorientierte und detaillierte Angebote
- Konsequenter Einsatz von DNS (Der Nächste Schritt) im gesamten Verkaufsprozess
- Zuverlässigkeit, Ehrlichkeit, Offenheit
- Aufbau einer tragfähigen und vertrauensvollen Beziehungsebene

„Mach den Auftrag!"

Doch das was ich hier schreibe, gefällt dir sicher nicht!

Bei meinen Trainings werde ich immer wieder gefragt: *„Werner, was ist denn der schnellste, der einfachste und der beste Weg, einen Abschluss zu erzielen?"*

REALITÄT: Es gibt keinen schnellen, einfachen und besten Weg.

Es gibt jedoch einen anderen Weg als über den Kaufabschluss nachzudenken. Und wenn du das verstanden hast, dann wird es für dich einfacher sein, mehr und entspannter zu verkaufen.

Es ist nicht der Abschluss – es ist der **Beginn**.

In dem Moment, wo du mit dem Interessenten sprichst, treffen sie ein Urteil. Sie beurteilen dich, dann beurteilen sie das, was du verkaufst und dann beurteilen sie dein Unternehmen. Seit Jahren treffe ich ja immer die Aussage: zuerst verkauft sich der Verkäufer.

Das Geheimnis des Verkaufen in sechs Wörtern: großen werthaltigen Nutzen und große Unterschiede. Zwei Wörter sind gleich: groß.

Wenn dein Interessent keinen Unterschied zwischen dir und deiner Konkurrenz findet, keinen großen werthaltigen Nutzen (bessere Qualität, schnellere Ausgabe, geringerer Ausschuss, persönliche Betreuung etc.) in deinen Produkten und Dienstleistungen, dann geht es nur noch um den Preis. Und in diesem Fall wirst du keinen Abschluss machen. Oder, wenn du den Auftrag bekommst, bleibt dein Profit auf der Strecke.

Ich komme zurück auf meine Grundaussage: *Es ist nicht der Abschluss – es ist der Beginn.*

Welche JA!-Einstellung hast du? Hast du eine besonders stark ausgeprägte JA!-Einstellung? Wie stark glaubst du an dich, an das Unternehmen und an die Produkte? Bist du überzeugt davon, dass dein Interessent das BESTE Produkt kauft, wenn er bei dir kauft?

Welche Nachforschungen hast du angestellt über das Unternehmen und über deinen Gesprächspartner? Die Vorbereitung unterteile ich in drei Bereiche: Vorbereitung auf die Personen, Vorbereitung auf den Verkauf und Vorbereitung auf die Sprache des Interessenten.

Kennst du exakt ihre Kaufgründe? Kennst du exakt ihre möglichen Kaufmotive? Wenn du die Gründe und die Motive kennst, dann wirst du auch die Dringlichkeit erkennen.

HINWEIS: Deine Verkaufsgründe stehen im Widerspruch zu ihren Kaufgründen.

Als du das erste Gespräch mit dem Interessenten am Telefon geführt hattest, war es ein freundliches Gespräch? Hast du dich dabei angenehmen gefühlt? Hatten deine Interessenten auch ein gutes Gefühl während des Gesprächs? Konntest du schnell eine harmonische Beziehung aufbauen? Welche Gemeinsamkeiten hast du gefunden?

Egal ob du ein persönliches Gespräch mit einem Interessenten führst oder ein Telefonat – wichtig ist, dass dich dein Gesprächspartner sympathisch findet, dir glaubt und dir vertraut. Und er sich auf dich verlassen kann. Wenn diese Punkte im Rahmen deines Verkaufsprozesses nicht für dich sprechen, dann wirst du nie einen Auftrag machen.

SELBST-TEST: Anstelle von Abschlussfragen zu trainieren, gebe ich dir hier einige Fragen, die du dir immer wieder vor, während und nach der Präsentation stellen solltest. Werden diese Fragen positiv im Sinne des Interessenten beantwortet, dann lässt du die Abschlussfragen außen vor.

Mein Statement: Wenn schon der Beginn falsch ist, kann das Ende nicht richtig werden.

- *Wie gut bist du vorbereitet?*
- *Wie freundlich bist du?*
- *Wie engagiert bist du?*
- *Wie unterscheidest du dich?*
- *Wie werthaltig bist du?*
- *Wie vergleichbar bist du?*
- *Wie glaubhaft bist du?*
- *Wie vertrauenswürdig bist du?*
- *Wie selbstbewusst bist du?*
- *Wie verlässlich wirst du wahrgenommen?*

Der Abschluss ist keine Aktion. Es ist die Summe von verschiedenen Elementen, die letztlich zu einer Entscheidung führen. Wie ich schon in meinem Buch

„Mach den Abschluss – Werners blaue Verkäuferkladde"

beschrieben habe, ist der Abschluss die Balance zwischen deinen Worten und Taten und den Gedanken und Erwartungen deines Interessenten.

Und ein Verkauf findet immer statt: entweder kauft der Interessent bei dir oder der Interessent hat dir sein *„NEIN"* verkauft.

Du bietest mir als dein Kunde einen freundlichen, engagierten, gut vorbereiteten, vergleichbaren, werthaltigen, selbstbewussten und vertrauenswürdigen Verkäufer und ich Kunde gebe dir meinen Auftrag.

Mach nicht den Abschluss – vervollständige mit einem Auftrag deinen Verkaufsprozess und starte den Beziehungsaufbau.

Es liegt nicht im Verantwortungsbereich des Verkäufers den Abschluss zu machen – es ist die Verantwortung des Verkäufers, sich diesen Auftrag zu verdienen!

Wann ist der richtige Zeitpunkt für eine Preisanpassung?

Es fragen mich immer wieder Trainingsteilnehmer: *„Werner, wann ist denn der richtige Zeitpunkt für eine Preisanhebung?"*

Meine direkt Antwort: *„Jetzt! Allerdings sprich lieber von einer Preisanpassung."*

Und dann warten sie darauf, weitegehende Informationen von mir zu bekommen. Das ist dann für mich eine gute Gelegenheit ihnen mitzuteilen, was es alles zu beachten gibt und WIE sie da vorgehen. Das ist ungemein wichtig.

Willst du eine Preisanpassung vornehmen, dann musst du es mit Vertrauen machen.

Leider werden viele Verkäufer gar nicht glücklich darüber sein, wenn die Preise angehoben werden. Ihnen sind die derzeitigen Preise schon so hoch, weil sie „im harten Wettbewerb" stehen. Bei einer Preisreduzierung treten ja auch viel weniger Einwände auf und das erleichtert das Verkaufen für die Verkäufer ungemein.

Aber du kennst ja mein Mantra:
Verkaufen ist einfach, aber nicht leicht! Nur die wenigsten Verkäufer sind bereit, hart zu arbeiten, damit das Verkaufen leichter wird.

Klar, wenn es nach dir geht, ist heute kein guter Tag für eine Preisanpassung. Ist es morgen besser – oder übermorgen? Wenn es

nach dir geht, sind alle künftigen Tage schlechte Tage für eine Preisanpassung.

Doch je länger du wartest, umso mehr bist du mental davon überzeugt, dass eine Preisanpassung ungünstig ist.

Tatsache ist: Du verlierst täglich Umsatz, wenn du deine Preise auf dem derzeitigen Level belässt.

Eine Preisanpassung lässt sich doch gut durchführen, wenn folgende Punkte gegeben sind:

1. Ein Mitbewerber hat die Preise angehoben.
2. Deine Kosten sind gestiegen.
3. Deine Kunden haben die Preise für Ihre Produkte und Dienstleistungen angehoben.
4. Andere namhafte Unternehmen in deiner Branche haben die Preise angehoben.

Das sind vier wichtige Marktfaktoren und das Verkaufsteam ist darüber zu informieren, welchen Einfluss die Preise auf Gewinn und Umsatz haben.

Auch wenn der eine oder andere Punkt 1 bis 4 zutrifft, heißt das allerdings noch lange nicht, dass du deine Preise anheben sollst. Das bedeutet nur, dass der Markt reif dafür ist und er dir ein Signal sendet.

Die anderen Faktoren für eine Preisanpassung sind für mich die „werthaltigen Faktoren".

Die aufgeführten Fragen unterstützen dich dabei, die wahren Gründe für eine Preisanpassung herauszufinden. Es geht hier um die Wünsche und Bedürfnisse deiner Kunden und wie genau du die Kaufmotive triffst:

- Welchen Nutzen hat dein Kunde in der Vergangenheit gehabt durch den Einsatz deiner Produkte?

- Wenn dein Kunde deine Produkte jetzt einsetzt, welchen zusätzlichen Nutzen erreicht er damit?

- Gibt es bestimmte Steigerungen oder Ergänzungen die du dokumentieren kannst wodurch bei deinem Kunden ein größerer werthaltiger Nutzen entstanden ist?

- Gelingt es dir deinem Kunden zu vermitteln, dass er mit dem Einsatz deiner Produkte mehr einnehmen wird?

- Mit dem was du deinem Kunden angeboten hast, wird er dadurch Wettbewerbsvorteile bekommen oder wird er ein gewisses Risiko minimieren?

Dahinter liegen die wahren Gründe, die zu einer Preisanpassung führen. Sobald du einen werthaltigen Nutzen deinem Kunden bietest, erleichtert das die Preisanpassung erheblich.

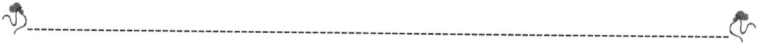

Natürlich gibt es zig andere Gründe, auf eine Preisanpassung zu verzichten. Bei der Betrachtung deines Zielplanes für das laufende Jahr wirst du die richtigen Entscheidungen treffen – oder die Geschäftsleitung hat sie bereits für dich getroffen.

Preisanpassungen sind etwas ganz normales im Geschäftsleben, egal ob du im B2B oder im B2C-Bereich verkaufst.

Mein Vorschlag ist, dass du permanent den Markt beobachtest und mit deinen Marktpreisen vergleichst und dann rechtzeitig die Weichen für eine Preisanpassung stellst. Folgen mehrere Unternehmen diesem Ansatz, dann gibt es auch häufigere Preisanpassungen.

Diese proaktive Vorgehensweise trägt auch dazu bei, dass mehr Gelder in die Kasse fließen und du dann gewappnet bist für außergewöhnliche Ereignisse.

Je mehr Vertrauen du in die Preisgestaltung und Preisanpassung deines Unternehmens hast, umso weniger wirst du dich mit den negativen Gedanken eines hohen Preises beschäftigen. Diese Energie solltest du lieber in die werthaltige Nutzenargumentation bei deinen Kunden investieren.

Ist dein genannter Preis wirklich dein endgültiger Preis?

Hast du auch schon festgestellt, dass viele deiner Gesprächspartner es mit der Wahrheit nicht so genau nehmen, wenn es um deinen angebotenen Preis geht? Insbesondere wenn sie dir erzählen, dass dein Preis nicht mit dem deiner Konkurrenz mithalten kann?

„Ich habe hier ein Angebot von Ihrer Konkurrenz vorliegen – sie liegen 15 % unter Ihrem Preis!" Wir oft hast du diesen Satz schon gehört? Sicher immer öfter in letzter Zeit.

Ich spreche hier nicht davon, dass viele Kunden und Interessenten in diesem Fall den Verkäufer anlügen, für mich wird hier hoch gepokert und maximal geblufft. In vielen Fällen liegen keine Vergleichs-angebote vor.

Kunden, die ich interviewt habe, erzählen mir, dass viele Verkäufer einfach kein Vertrauen zu den Käufern haben und sich schwer tun, Vertrauen aufzubauen. Sie sind in der Regel an dem schnellen Auftrag interessiert: Auftrag machen, Provision kassieren und auf zum nächsten.

Kunden erzählen mir, dass sie auf diese Weise den Verkäufer testen. Der Grund: Verkäufer reduzieren viel zu schnell den erstgenannten Preis, da sie der Meinung sind, dass sie mit dieser Vorgehensweise den Kunden zusätzlich motivieren, ihnen jetzt den Auftrag zu erteilen.

Insofern sagen viele Kunden in dieser Gesprächsphase solche Sätze wie: *„Wenn Sie den Auftrag von mir haben wollen, sollten Sie nochmal den Bleistift spitzen und scharf rechnen!"*

Im Regelfall antwortet der Verkäufer: *„Wo müssen wir denn liegen, um den Auftrag zu bekommen?"*

Was mit einer Testfrage begann, endet nun in einer Preisverhandlungs-Runde. Und das nur, weil der Verkäufer der Meinung war, dass bei einer Reduzierung des Preises er direkt den Auftrag erhält.

Wenn du in Zukunft eine solche Situation vermeiden willst, dann solltest du an deinem genannten Preis auch fest glauben.

Mit kräftiger Stimme solltest du antworten: *„Herr/Frau..., der Ihnen vorliegende Verkaufspreis ist mit Nutzen 1 und Nutzen 2 Euro..., einschließlich der Nutzen 3 und 4 – und das ist mein für Sie kalkulierter Preis. Wann soll die erste Lieferung erfolgen?"*

Fragt dich der Kunde erneut, was du sonst noch tun kannst, dann schau ihm in die Augen und sag: *„Das ist mein bester Preis für Sie!"*

Nach meinen Erkenntnissen gibt es hier das große Missverständnis. Der Kunde will den Verkäufer testen, um den besten Preis zu bekommen. Und der Verkäufer hat das Gefühl, dass er den Auftrag bekommt, sobald er den Preis reduziert.

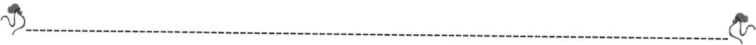

Für einen partnerschaftlichen Beziehungsaufbau ist Vertrauen unerlässlich – gerade zwischen Kunde und Verkäufer. Nennt der Verkäufer seinen Verkaufspreis und auf Nachfrage und Nachdruck doch noch einen reduzierten Preis, dann hat der Kunde die Entschlossenheit des Verkäufers getestet.

Und beim nächsten Gespräch, wenn es wieder heißt *„Dies ist der beste Preis"* glaubt der Kunde dem Verkäufer wieder kein Wort und stellt seine neuen Forderungen.

Reduzieren Verkäufer den genannten Verkaufspreis, dann ist das Resultat immer negativ. Einmal Rabatt – immer Rabatt. Das Spiel geht immer weiter, es werden immer neue Forderungen gestellt.

Der Kunde entwickelt einen Sport dafür, um den allerletzten Rabatt heraus zu kitzeln. Verkäufer haben Angst, den Auftrag zu verlieren und geben permanent nach. Vielleicht sollte ich diese Personen nicht als Verkäufer bezeichnen sondern als Rabattgeber.

Die beste Ansage auf die Frage nach dem Rabatt sind die folgenden Worte: *„Der Verkaufspreis beträgt €...!"* Und wenn der Kunde dich jetzt testet, dann sagst du völlig entspannt: *„Das ist mein Angebot für Sie, es ist ein marktgerechter Preis und bietet Ihnen die Sicherheit, dass alle unsere Kunden – von Nord nach Süd und von Ost nach West – alle zu den gleichen Konditionen kaufen. Ab wann starten wir mit unserer Zusammenarbeit?"*

Mit Preisverhandlungen ist es wie mit vielen Dingen im Leben. Wenn man weiß, wie es geht, scheint alles ganz leicht zu sein.

Sie benötigen Unterstützung? Ich kenne einen guten Trainer. Der bringt ihren Verkäufern mit Sicherheit mehr Termine und mehr profitable Aufträge.

Hier kommen seine Daten:

Name: Werner F. Hahn
Telefon: 0171 – 650 56 90
Mail: werner@wernerhahn.de

Hier gibt es was auf die Ohren:
Werners *Podcast to go*:
Geh auf iTunes und gib im Suchbegriff
Verkaufstrainings
ein. Jetzt hast du Zugriff auf deine automobile Universität: weiterbilden auf der Fahrt zu deinem nächsten Interessentengespräch.

Jetzt heben wir den Preis an

Wie Preise anheben? Bei dem Konkurrenzkampf? Ich verliere doch heute schon viele Aufträge, weil unser Preis zu hoch ist.

Die gute Nachricht: Verkäufer meinen immer, der Preis für die Produkte und Dienstleistungen sei besonders wichtig und stehe an erster Stelle. Stimmt aber nicht. Unsere Untersuchungen bestätigen, dass der Preis erst an fünfter Stelle folgt. Wichtiger sind: Qualität, Einhaltung der zugesagten Leistungen, Liefertreue, Loyalität,

Tatsache ist: die meisten Preiserhöhungen macht nicht der Markt, die Konkurrenz oder der Kunde kaputt, sondern sie *„werden im eigenen Unternehmen des Lieferanten zerstört".* Davon zeigte sich Jochen Wenzel, Leiter Marketing der Knauf Gruppe (Baustoffe, 5 Mrd. Euro Umsatz), überzeugt.

Hinzu kommt noch, dass der größte Feind des Preises immer noch der Verkäufer ist. Dabei kann es doch so einfach sein. Ich brauche doch nur den Mehrwert, den Nutzen transportieren und dann klappt es auch mit dem Abschluss. Ist es tatsächlich so einfach?

Analysiere zuerst einmal die Marktposition deines Unternehmens:

- Was unterscheidet uns von der Konkurrenz? Was ist unser Alleinstellungsmerkmal (USP)?

- Welchen Vorteil/Nutzen hat der Interessent, wenn es bei uns kauft?

- Welche Preise und Konditionen werden wir anbieten?

Fragt der Interessent nach dem Preis: *„Was kostet mich das?"* dann folgt in der Regel die Antwort: *„Die Anlage kostet 1.200 Euro."* Und damit stehen die Riesenziffern mitten im Raum und es erfolgt prompt die Antwort: *„Zu teuer!"*

Meine Antwort lautet in einem solchen Fall:

1. *„Das kommt drauf an."*
   Dann kommt immer die Gegenfrage: *„Worauf kommt es an?" „Ja, Herr Kunde, es kommt auf die Bestellmengen, die Größen, die Liefertermine etc drauf an."* Oder

2. *„Da komme ich gleich drauf zu sprechen, vorher habe ich noch zwei Fragen an Sie* (jetzt kommen noch Fragen aus der Bedarfsanalyse)..." oder

3. *„Das ist eine Investition für Sie von lediglich 2 Euro pro Arbeitstag* (Leistung maximieren und Preise minimieren) *– die haben Sie ja sicher noch in Ihrem Budget!"* oder

4. *„Das ist eine Investition für Sie von zwölfhundert Euro und das sind pro Arbeitstag zwei Euro - die haben Sie ja sicher noch in Ihrem Budget!"*

Erkennen Sie den Unterschied? Was habe ich getan?

Ich spreche nicht von KOSTEN, sondern von einer *Investition*. Er investiert und er bekommt wieder etwas zurück.

Ich spreche nicht von Eintausendzweihundert Euro, sondern von zwei Euro pro Arbeitstag.

Ich spreche nicht von Eintausendzweihundert Euro, sondern nur von zwölfhundert Euro.

Ein Kunde kauft nie ein Produkt, sondern immer die damit verbundene Bedürfnisbefriedigung. Das können gute Gefühle, Problemlösungen, Träume, Wünsche, Erfüllung ihrer Sehnsüchte, Hoffnungen, sichtbare Erfolge im Business, Sorglosigkeit, Lebensqualität, Seelenfrieden, ein Vertrauensverhältnis ohne Enttäuschungsgefahr sein.

Um dahin zu kommen, ist es ganz wichtig, in der Bedarfsanalyse die richtigen Power-Fragen stellen. Erst danach weißt du, auf was dein Gesprächspartner besonderen Wert legt. Nein, es sind nicht die Aussagen wie zum Beispiel: *„Der Wagen hat auch Automatik und Schiebedach."*

Das der Wagen eine Automatik hat, ist nur ein Produktmerkmal.

Der Vorteil für den Interessenten:
- *Automatisches Rauf- und Runterschalten.*

Der Nutzen:
- *Völlig entspanntes Fahren*
- *Volle Konzentration auf den fließenden Verkehr*

Dein Interessent verspricht sich doch nach dem Kauf die Verbesserung eines IST-Zustandes, einen Gewinn. Warum interessiert sich ein Interessent für ein Telefon mit Anrufbeantworter? Weil er will, dass alle Anrufe bei ihm ankommen (oder negativ ausgedrückt: er will keinen Anruf verpassen). Hierin liegt doch sein Nutzen.

Der Kunde kauft also einen persönlichen Nutzen und bezahlt dafür mit der Investition. Dabei muss ihm der Nutzen höher erscheinen als die Investition. Ist die Wertsäule höher als der Preis, ist das Geschäft gelaufen. Ist die Preissäule höher als die Wertsäule, kommt der Hinweis: *„Zu teuer."*

Verteidige deinen Preis

Du gehst in ein Fernsehfachgeschäft, um dir einen von den neuen Flat-Screens zu kaufen. Nach der Präsentation sagst du zu dem Verkäufer: *„Okay, den nehme ich, wenn Sie mir noch einen Rabatt einräumen von 10 Prozent."* Der Verkäufer: *„Ja, gebe ich Ihnen - das Geschäft ist gemacht. Wir liefern immer dienstags und donnerstags nach Mainz-Gonsenheim, welcher Tag ist Ihnen angenehm?"*

Du entscheidest dich für den Donnerstag (komisch: in USA heißt es immer „same day delivery", „same day cleaning" etc.) und verlässt das Fachgeschäft. Draußen vor der Tür beschleicht dich ein unangenehmes Gefühl:

1. *„Hätte ich nicht gefragt, hätte ich zu viel bezahlt."*
2. *„Bei denen sind die Preise so überteuert, dass es für sie kein Problem ist, mit den Preisen nach unten zugehen."*
3. *„Sicher habe ich bei denen in der Vergangenheit immer zu viel bezahlt. Da gehe ich nicht mehr hin."*
4. *„Hätte ich 20 Prozent gefordert, dann hätte ich sicher 15 Prozent bekommen."*

Resümee: Mit Preisnachlässen verlierst du Glaubwürdigkeit. Überleg dir, ob du tatsächlich mit dem Preis nach unten gehst.

Was du dem Kunden anbieten kannst:

Mengenrabatt
Bestellt der Kunde höhere Mengen, bekommt er einen Rabatt. Kostenvorteile durch höhere Lieferungen werden direkt weitergegeben.

Staffelrabatt
Ist eine Untervariante des Mengenrabatts. Der Kunde bekommt den günstigeren Preis für die größere Abnahmemenge nur für den Mengenanteil, der die Schwelle überschreitet.

Kürzeres Zahlungsziel

Gerade in der heutigen Zeit werden Zahlungsziele gerne mit 30 oder sogar 60 Tagen überzogen, um so die Liquidität im Unternehmen zu sichern. Überweist der Kunde schneller, geben wir den Zinsvorteil über ein Skonto dem Kunden weiter.

Naturalrabatt

Dass kennst du von der Autoindustrie. Da schenken sie dir die Klimaanlage im Wert von € 1.200 und der Händler selber bezahlt dafür nur € 150. Ich mache das mit meinen Büchern so. Jeder Teilnehmer bekommt ein Buch mit persönlicher Widmung.

Nichts

Du hast ein faires Angebot abgegeben und fair kalkuliert. Deine Kunden entrichten von Flensburg bis Garmisch und von Aachen bis Görlitz alle die gleiche Investition.

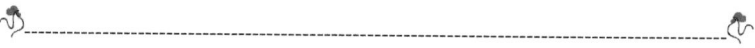

Zwei revolutionäre Ideen:

Heute unterbreite ich dir zwei revolutionäre Ideen und wenn du diese gelesen hast, wirst du sicher sagen: *„Jetzt spinnt der Hahn total!"*

Idee #1: Lass dir die Erstellung von Angeboten bezahlen.

Ein Handwerker berichtete mir auf einem Training, dass er Anfragen per Mail bekommt, die Unterlagen ausfüllt und dann per Mail wieder zurück schickt.

Meine Frage an ihn: *„Wie viele Angebote haben Sie in den letzten drei Monaten geschrieben?"*

Seine Antwort: *„So 30 bis 40 Stück waren das bestimmt."*

Meine Frage: *„Wie viele Aufträge haben Sie bekommen?"*

Seine Antwort: *„Keine."*

Meine Frage: *„Warum schreiben Sie denn Angebote?"*

Seine Antwort: *„Ich lebe von der Hoffnung."*

Angebote schreiben kosten Zeit und Geld. Ich habe Kunden, die bieten bestimmte individuell gefertigte Produkte an und dazu ist eine intensive Berechnung durch Vertriebsingenieure erforderlich. Das erfordert schon einen Aufwand von 1 bis 2 Tagen. Legen wir einen Stundensatz von € 80 zugrunde, dann beträgt der Aufwand für ein Angebot schnell € 1.500. Selbst wenn du in vielen Fällen copy and paste machst, wird ein kalkulatorischer Aufwand von € 200 immer zu berechnen sein.

Jetzt wirst du einwenden, dass Angebote im Regelfall unverbindlich sind und keiner deiner Mitbewerber die Angebotserstellung in Rechnung stellt etc.

Das sind doch gerade die Gründe, um mit der „Kostenlos-Mentalität" endlich aufzuhören. Schreib dem Anfrager: *„Gerne erstellen wir das Angebot für Sie für eine Pauschale von € 100, die wir mit dem Auftrag gerne verrechnen."*

Ich hatte zuletzt eine Anfrage von einem größeren Unternehmen und habe zurückgeschrieben: *„Gerne erststelle ich das Angebot für Sie – dafür berechne ich Ihnen einen Pauschalbetrag von € 1.000, die wir im Auftragsfall verrechnen. Damit ich die Rechnung erstellen kann, geben Sie mir bitte die Auftragsnummer bekannt."*

Die Antwort kam prompt: *„Wir haben kein Interesse an einer Zusammenarbeit."*

Anstelle des Angebotes habe ich 11 Geschäftsführer kalt akquiriert, fünf Termine gemacht und drei Aufträge erzielt. Ich finde, ich hätte viel Zeit verschenkt, wenn ich das Angebot geschrieben und mein Wissen noch kostenlos weitergegeben hätte. Du wirst mit dieser neuen Vorgehensweise auf der einen Seite einen Sturm der Entrüstung erzeugen und andererseits werden dir viele Partner auf die Schulter klopfen und sagen: *„Das ist der richtige Weg für die Zukunft."*

Idee #2: Beende die unsäglichen Preis- und Rabattaktionen. Vergiss Wörter wie Grundpreis, Lieferpreis, Standardpreis, Bester Preis, Listenpreis, Sonderpreis, Abgabepreis, Kaufpreis, Grundpreis etc. Es gibt ab sofort nur einen Verkaufspreis. Und der ändert sich nur, wenn ein bestimmtes Bestellvolumen erreicht wird.

Hierzu ein Beispiel aus der Praxis:

Das Unternehmen hat 20 Verkäufer und es werden Produkte an B2B-Kunden verkauft. Es wurden zwei Teams gebildet.

Team #1: 10 Verkäufer bekamen die Ansage, dass ab sofort jedes Produkt zum Verkaufspreis von € 100 verkauft wird – ohne irgendwelche Nachlässe, Rabatte etc.

Team #2: 10 Verkäufer bekamen die Ansage, dass der Verkaufspreis zwischen € 80 und € 100 liegt und sie zum besten Preis (Wunschpreis € 100) verkaufen sollten.

Das Ergebnis:

- Team #1 verkaufte fleißig zu € 100 zum regulären Verkaufspreis.

- Team #2 verkaufte zu einem Preis von € 80. Die Verkäufer haben in diesem Fall den Weg des geringsten Widerstandes gewählt und selbst bei € 80 hätte der eine oder andere Verkäufer noch gerne einen Rabatt gegeben.

Mit dieser Vorgehensweise zwingst du sogar alle Verkäufer im Unternehmen, sich intensiver mit der Nutzen-Argumentation auseinander zu setzen.

Es ist doch einfach zu argumentieren: *„Herr Kunde, unser Verkaufspreis bietet Ihnen die Sicherheit, dass alle den gleichen Preis bezahlen – von Flensburg bis Garmisch und von Aachen bis Görlitz. Wie wichtig ist das für Sie?"*

Beispiel CarMax, USA:

Das Thema will ich noch mit einem Beispiel untermauern, und zwar aus dem Gebrauchtwagenhandel. Das ist ja eine Branche, die gerade nicht den besten Ruf hat und trotzdem will ich dir von dem Beispiel berichten:

Das Unternehmen wurde 1993 gegründet in der Hoffnung, den Gebrauchtwagenmarkt in den USA neu zu erfinden: CarMax. Heute gehört dieses Unternehmen zu den umsatzstärksten Unternehmen auf der Liste der Zeitschrift *Fortune* und es verkauft mehr als 400.000 Fahrzeuge im Jahr.

Von Beginn an versuchte das Unternehmen, gegen bestehende Konventionen anzugehen: aufdringliche, geschniegelte Verkäufer, die den Kunden nur über den Tisch ziehen.

CarMax etablierte Festpreise für jeden Wagen, feilschen war ab sofort überflüssig. Das reduzierte die Angst der Kunden, von einem besser informierten Verkäufer ausgenommen zu werden. Darüber hinaus verdienen die Verkäufer bei CarMax, ihren Lohn ausschließlich durch Provisionen. Aber diese Provisionen basieren nicht auf den Preis des einzelnen Autos. Die Verkäufer erhalten beim Verkauf eines Kleinwagens dieselben Provisionen wie bei einer Limousine.

Das wiederum mindert die Angst, ein aufdringlicher Verkäufer könnte einem ein Auto verkaufen, das gut für sein Konto aber schlecht für die eigene Geldbörse ist. Und schließlich spuckt CarMax förmlich Informationen aus. Da jede Kundin selbst einen Bericht über das gewünschte Auto recherchieren kann, gibt CarMax diese Informationen kostenlos an seine Kunden raus. Sie bieten Garantien, Zertifikate und Gewährleistungen.

Dabei sitzen sich Verkäufer und Kundin nicht an einem Tisch gegenüber, sondern sie sitzen nebeneinander und schauen beide auf den Computer-Monitor. Sie kennen das sicher aus unseren Autohäusern: der Verkäufer schaut auf den Bildschirm und der Kunde auf die Rückseite des Bildschirms. Die Informations-Asymmetrie ist bei CarMax voll aufgehoben, das ist die Basis für eine Partnerschaft auf Augenhöhe.

Es wird nicht gehandelt. Transparente Provisionen. Informierte Kunden. An einem Samstag kamen über den Tag verteilt 8 Personen in ein Autohaus. Bei CarMax kamen 8 Personen in den ersten 15 Minuten des Samstag.

Vertrauen, Ehrlichkeit, Direktheit und Transparenz sind für die kommende Rolle extrem wichtig. Die Zeiten des Hardselling sind doch längst vorbei.

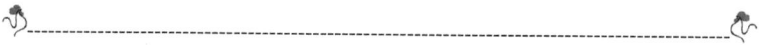

8 Gründe, warum das Verkaufen über den Preis nicht funktioniert

So, du behauptest also, dass du gut im Verkaufen bist weil du einen guten Preis hast und der Preis noch weiter nach unten verändert werden kann? Damit du den Auftrag auch tatsächlich bekommst?

Über eins solltest du dir im Klaren sein: ***Du verkaufst über den Preis***.

Hier kommen 8 Gründe, warum das Verkaufen über den Preis niemals funktionieren wird:

#1: Dein derzeitiger Preis (den du ja als ganz heißen Preis bezeichnest, weil er unter dem der Konkurrenz liegt) wird demnächst nicht mehr der niedrigere sein. Ja, einem deiner Konkurrenten steht das Wasser bis zur unterkante Unterlippe und wird seinen Preis radikal senken, um an Aufträge zu kommen. Dann senkst du ja sicher auch deinen Preis, oder?

#2: Interessenten und Kunden, die nur auf den Preis schauen, werden sofort zu einem anderen Lieferanten gehen, sobald der Preis noch niedriger ist.

#3: Wenn der Preis für einen Kunden entscheidend ist, dann schätzen sie den Wert nicht ein oder du hast keinen werthaltigen Nutzen vermittelt.

#4: Ist der einzige Kaufgrund für deinen Kunden der niedrige Preis, dann zieh dich zurück. Verkaufen über den preis erfordert keinen Verkäufer. Eine Webseite reicht dazu allemal aus.

#5: Mit deinen niedrigen Preisen wirst du es niemals schaffen, dass das Unternehmen profitabel arbeitet und auch kein Geld da ist für künftige Investitionen.

#6: Dein Preisverhalten wird sich schnell im Markt rumsprechen – insbesondere die Tatsache, dass bei dir der Preis im Vordergrund steht. Deine Gesprächspartner empfangen dich schon gleich mit einem Preisgespräch.

#7: Verkaufen über den Preis bedeutet für viele deiner Kunden, dass du nie zum Listenpreis verkaufen wirst. Der einzige Grund, mit ihnen ins Geschäft zu kommen, besteht in der permanenten Reduktion deines Preises – heute, morgen und übermorgen.

#8: Kunden die bei dir wegen des Preises kaufen, werden nie den werthaltigen Nutzen erkennen und fordern immer wieder von dir und deinem Unternehmen neue Varianten der Preisreduzierung.

Verkaufen über den Preis kommt einer Niederlage gleich. Auch wenn du jetzt in diesem Moment den Auftrag machst, verlierst du größere Geschäfte in der Zukunft.

Einwandbehandlung

„Das ist aber teuer!" – was dieser Einwand wirklich bedeutet und wie du ihn erfolgreich entkräftest.

Es ist einer der häufigsten Einwände im Verkauf, mit dem Verkäufer, Inhaber und Geschäftsführer immer wieder konfrontiert werden. Je nach Modulation kann die Aussage: *„Das ist aber teuer"* auch unterschiedliche Bedeutung haben.

"Das ist aber teuer!", bei dieser Aussage bekommen viele Verkäufer Panikattacken und reduzieren sofort den angebotenen Preis. Sie gehen davon aus, dass sie den Auftrag nur bekommen, wenn sie beim Preis nachgeben. Zusätzlich nehmen sie eine Minderung ihrer Marge in Kauf oder machen sogar ein Verlustgeschäft, völlig unnötig.

Die Aussage: *„Das ist aber teuer"* heißt doch nicht: *„Nur wenn du deinen Preis reduzierst, dann bestelle ich bei dir."* Das kann doch vieles bedeuten, einige Punkte habe ich hier für dich aufgelistet.

- Sie haben ein solches Produkt noch nie gekauft und völlig andere Erwartungen.
- Du hast ihnen noch nicht erklärt, welchen konkreten werthaltigen Nutzen sie davon haben.
- Irgendwo haben sie das Produkt preiswerter gesehen
- Das ist weit außerhalb ihres Budgets.
- Sie vergleichen das mit einem anderen Produkt oder einer anderen Dienstleistung und sind der Meinung, dass dieses vergleichbar ist.
- Sie wissen nicht, welche Gefahren bestehen, wenn sie billig einkaufen.

- Sie haben schlechte Erfahrungen gemacht.
- Sie wollen sowieso bei einem anderen Lieferanten kaufen und nehmen dein Angebot nur, um den Preis zu drücken.
- Sie wollen nur wissen, wie weit du mit deinem Preis nach unten gehst.
- So viel wollten sie nun wirklich nicht ausgeben.
- Die Punkte, die dein Produkt so kostbar machen, sind ihnen einfach nicht geläufig.
- So viel haben sie noch nie ausgegeben.
- Sie sitzen am längeren Hebel und lassen dich das spüren.
- Sie starten jetzt einen Wettbewerb zwischen dir und deiner Konkurrenz.
- Du hast ihnen die Rolls-Royce-Lösung angeboten, obwohl sie nur den Mercedes brauchen.
- Sie sind ausschließlich Billig-Käufer.
- Als Einkäufer muss ich mich profilieren.
- Zeig mal was du kannst, du arroganter Verkäufer.
- Sie können dich nicht leiden.

Die gute Nachricht: Wenn du gut vorbereitet bist, kannst du mit diesen Aussagen gut umgehen. Und mit den anderen Punkten (*„Sie kaufen nur billig"* und *„Sie starten einen Konkurrenz-Preiskampf")* solltest du dich in keiner Weise beschäftigen.

Die Schlüsselfrage ist doch, welcher dieser vorgenannten Punkte trifft direkt den Kern. Wirst du mit einer solchen Aussage: *„Das ist aber teuer."* konfrontiert, dann lehn dich entspannt zurück und stell deinem Gesprächspartner eine der folgenden Fragen:

- „Wie meinen Sie das?"
- „Abgesehen von Ihrer Investition – welche weiteren Punkte sind für Sie wichtig?"
- "Gibt es außer Ihrem Hinweis noch etwas, was Sie daran hindert, mit mir jetzt ins Geschäft zu kommen?"
- "Was vergleichen Sie miteinander?"
- "Sehen Sie, das ist mit ein Grund, warum Sie bei uns kaufen sollten."
- "Auf welches Produkt bezogen?"
- "Was konkret meinen Sie damit?"
- "Was genau empfinden Sie als zu teuer?"
- "Wenn ich Sie richtig verstehe, die technische Seite ist soweit okay?"
- "Wenn ich Sie richtig verstehe, das Produkt überzeugt Sie?"

Damit kommst du den wahren Gründen näher. Mit dieser Vorgehensweise wirst du die wahren Wünsche und Bedürfnisse kennen lernen und dann bist du auf dem Weg zu einem profitablen Geschäft.

Hier kommt eine Zusammenfassung einiger Aussagen, die ich in vorherigen Blogs und Büchern bereits geschrieben habe:

1. Der Preis allein ist kein Kaufgrund.
2. Der Preis ist ein Leistungsmerkmal wie jedes andere auch.
3. Deine innere **JA!-Einstellung** generiert eine positive Erwartungshaltung bei deinem Gesprächspartner.
4. Entscheidungen sind immer emotional und manchmal auch ein ganz klein wenig rational.
5. Beim Verkaufsgespräch steht nicht das Produkt im Mittelpunkt, sondern der Prozess, der zwischen Kunde und Verkäufer psychologisch abläuft.

6. Aufträge verlierst du nicht an andere Unternehmen, sondern immer an bessere Verkäufer.

Ein Interessent/Kunde, der keinen Einwand bringt, ist an einem Kauf nicht interessiert.
Deswegen sind alle Einwände auch Kaufsignale.

Noch ein Tipp: Viele Verkäufer antworten auf einen Einwand des Gesprächspartners mit: *"Ja, aber..."* Dein "Ja" signalisiert Zustimmung und mit dem *"aber"* gehst du auf Konfrontationskurs und heißt dann "*Nein!*" Sag stattdessen lieber *"Ja, und..."*

Hier kommen einige weitere erprobt Antworten:

#1: Verdeutliche deinem Kunden eins: Er wird nichts verlieren, wenn er bei dir etwas kauft, sondern nur, wenn er nichts von dir kauft. Und dies gelingt, indem du gezielt die Qualität ansprichst, die durch den hohen Preis gewährleistet wird.

„Herr Kunde, der Preis beschäftigt Sie nur ein einziges Mal – und zwar heute. Doch die Qualität wird Sie die gesamte Lebensdauer des Produktes beschäftigen. Viel zu oft - so werden Sie sich erinnern - hat bei billigeren Produkten später die mangelnde Qualität Ihnen nur Ärger, Frust und Mehrkosten verursacht. Ist es deshalb nicht besser, etwas mehr zu bezahlen, als Sie erwartet haben, als etwas weniger zu zahlen, was Sie sollten?"

#2: Fordere den Kunden auf, seinen eigenen Einwand zu überdenken. Stell ihm zwei Fragen:

Frage 1: *„Wenn Sie sich selber davon überzeugen könnten* (Achtung: Sag nicht *„Wenn ich Sie überzeugen könnte"* – dies baut Widerstand auf!), *dass der Preis mehr als anständig, fair und marktgerecht ist, hätten Sie dann etwas dagegen, sich für diesen Kauf zu entschließen?"*

Antwortet er wieder mit einem „Ja", frag ihn:

Frage 2: *„Ihnen lässt offensichtlich der Preis keine Ruhe. Deshalb möchte ich sicherstellen, dass wir uns richtig verstehen. Machen Sie sich wirklich Gedanken um den Preis oder nicht eher über die Kosten?"*

Höchstwahrscheinlich wird Ihr Kunde nun sehr erstaunt reagieren: *„Preis oder Kosten? Was ist denn der Unterschied?"*

Jetzt beginnst du mit der Argumentation der *Investition*.

#3: *„Herr/Frau xyz, ich bin seit x-Jahren im Verkauf tätig und die Frage nach dem Preis wird in letzter Zeit immer weniger gestellt. Für meine Kunden ist folgendes wichtig:*
1. erstklassige Qualität,
2. ein exzellenter Service
3. eine kompetente Zuverlässigkeit und
4. ein attraktives Preis-/Leistungsverhältnis.
Was ist für Sie besonders wichtig?"

#4: Kunde: *„Was kostet das?"*
Verkäufer: *„Das kommt drauf an."*
Kunde: *„Worauf kommt es an?"*
Verkäufer: *„Auf die Bestellmenge, auf dem Lieferzeitpunkt, auf die Liefervarianten, auf die Zahlungsmodalitäten und so weiter.*

Herr Müller, wenn es nicht genau das ist, was Sie suchen, dann ist es auch für Sie kostenlos."

#5: Kunde: *„Das gleiche erhalte ich bei xyz 300 Euro günstiger."*
Verkäufer: *„Gut, dass Sie das ansprechen, ich kenne diese Angebote ebenfalls. Wenn ich Sie richtig verstehe Herr/Frau... möchten Sie gerne wissen, was Sie bei mir für die 300 Euro auch wirklich zusätzlich erhalten – ist das so?"*

Kunde: *„Ja gerne, das möchte ich liebend gerne wissen."*

#6: Kunde: „Was können Sie denn am Preis noch machen?"

1. Variante: Wir sagen NEIN!

Verkäufer: *„Am Preis kann ich nichts mehr tun. Ich hatte Ihnen auf der Basis Ihrer Anfrage einen absoluten fairen Preis angeboten."*

Verkäufer sollten sich viel öfter trauen, auch einmal NEIN zu sagen. Allerdings ist dieses NEIN in dieser Phase zu früh. Denn es besteht die Möglichkeit, dass der Kunde jetzt auch aussteigt.

2. Möglichkeit: Der Verkäufer sagt JA!

Verkäufer: *„Also gut, in diesem Fall räume ich Ihnen einen Sonderbonus von 5 % ein!"*

Das kann funktionieren, birgt aber die Gefahr, dass der Kunde weiter verhandelt oder den reduzierten Preis noch einmal zum Anlass nimmt, mit dem Wettbewerb zu sprechen.

Die beste aller Möglichkeiten an dieser Stelle ist eine andere. Bevor du irgendetwas in Richtung Preisnachlass unternimmst, solltest du zunächst einmal ausloten, wie weit dein Interessent bereit ist, zum jetzigen Zeitpunkt zu gehen.

1. Abschlussvorbereitende Frage:

Verkäufer: *„Können Sie sich denn - abgesehen vom der Investition - vorstellen, dass wir zusammenkommen?"*

Wie wahrscheinlich ist es, dass der Interessent auf diese Frage negativ antwortet? Nicht sehr wahrscheinlich. Der Kunde wird in den meisten Fällen sagen:

Interessent: *„Ja, das kann ich mir vorstellen."*

Was passiert jetzt in diesem Moment? Richtig, der Kunde stellt sich jetzt bildlich vor, das Geschäft mit Ihnen abzuschließen. Und das bringt uns ein wenig näher an den tatsächlichen Abschluss.

2. Abschlussvorbereitende Frage:

Es gibt eine wichtige Grundregel für alle Preisverhandlungen: Verhandele erst alle Nebenkriegsschauplätze, bevor du final über den Preis sprichst. Warum ist das so wichtig? Eine beliebte Taktik von Einkäufern besteht darin, zunächst einen Nachlass beim Preis auszuhandeln und dann weitere Nebenbereiche zu verhandeln. Beispiel: Liefer- und Zahlungskonditionen. Eine Möglichkeit, den Spieß einfach umzudrehen:

Verkäufer: *„Sind wir uns denn - abgesehen von Endpreis - einig, oder gibt es noch weitere Punkte, die wir klären müssen?"*

oder

Verkäufer: *„Gibt es außer der Investition noch etwas, was Sie davon abhält, mit mir das Geschäft heute abzuschließen?"*

Wenn der Interessent jetzt noch weitere Punkte anspricht, die ebenfalls noch offen sind, solltest du zunächst über diese Punkte sprechen.

Verkäufer: *Herr Kunde, dann sollten wir zuerst über diese Punkte sprechen, damit wir abschließend auch fair über die Investition reden können.* "

Mit dieser Vorgehensweise steigt die Chance, den Kunden zeitnah abzuschließen, schließlich wartet dein Verkaufsleiter auf den Auftrag. Denn indem wir alle offenen Punkte vor der abschließenden Preisverhandlung klären, nehmen wir dem Kunden gleichzeitig die Möglichkeit, sich am Ende des Gesprächs noch einmal zu vertagen.
Sollte der Kunde diese Frage eher halbherzig bejahen, sollte der Verkäufer ruhig noch einmal nachhaken:

Verkäufer: *„Also der Termin, die Zahlungs- und Lieferbedingungen sind okay und abgehakt?*"

Du wirst natürlich nicht in jedem Fall ein klares Ja bekommen, aber in den Fällen, wo der Kunde sich darauf einlässt, bist du dem Abschluss ein Stück näher gekommen.

3. Abschlussvorbereitende Frage:

Wenn du alle offenen Punkte außer der Investition besprochen und geklärt hast, stell folgende Frage:

Verkäufer: *„Also angenommen, wir finden bei der Investition eine Lösung, machen wir heute den Abschluss?*"

Du wirst überrascht sein, wie häufig du hier ein JA bekommst. Und fürchte dich nicht, dass der Kunde mit NEIN antwortet, denn das Ziel dieser Frage ist es nicht, auf ein JA zu spekulieren, sondern überhaupt eine Antwort zu erhalten.

Was unterscheidet gute Verkäufer von großartigen Verkäufern?

Hast du schon einmal darüber nachgedacht, was großartige Verkäufer auszeichnet?

Ich habe am letzten Wochenende darüber nachgedacht und habe eine Liste der Punkte erstellt, die großartige Verkäufer wirklich auszeichnet.

Die Differenz zwischen gut und sehr gut kann schon sehr klein sein. Das siehst du bei manchen Pferderennen, bei denen der Sieger nur eine Nüstern-Länge weiter vorne liegt als das Rennpferd auf Position zwei.

Oder du vergleichst das mit dem Formel 1-Rennen – der Fahrer auf Platz zwei liegt manchmal nur wenige hundertstel Sekunden hinter dem Sieger.

Also ist doch der Unterschied sehr schmal.

Gewinner machen trotzdem den großen Unterschied aus – so ist es auch im Verkauf.

Über meine Liste gibt es keine besonderen Geheimnisse. Es sind nur 14 Besonderheiten, die die wahren Topp-10%-Verkäufer auszeichnet.

Hier kommt meine Liste:

1. Großartige Verkäufer verfügen über eine positive JA!-Einstellung und lächeln viel. Das ist ein besonderer Faktor. Dein Lächeln wärmt deine Umgebung auf. Und wenn du lächelst, dann werden deine Gesprächspartner ebenfalls lächeln.

2. Großartige Verkäufer haben die *„Ich-schaffe-das-Einstellung"!* Sie vermeiden die Wörter *„geht nicht"* und *„unmöglich."* Sie finden immer wieder neue Lösungen und beziehen ihre Gesprächspartner aktiv ein.

3. Sie jammern niemals.

4. Sie sind gute und aktive Zuhörer. Sie konzentrieren sich auf das Gespräch mit den Interessenten und Kunden und hinterfragen die einzelnen Punkte.

5. Sie halten Blickkontakt und schauen nicht in der Gegend rum, wenn sie mit dem Kunden sprechen.

6. Sie stellen gute Fragen. Sie stellen bevorzugt offene Fragen und damit halten sie das Gespräch am Laufen.

7. Bei großartigen Verkäufern steht nicht der Abschluss im Vordergrund, sondern immer die Lösung. Je mehr Probleme sie für Ihre Kunden und Interessenten lösen, umso mehr Aufträge werden sie erzielen.

8. Sie reden wenig, damit ihr Gesprächspartner Gelegenheit hat, von sich und seinem Unternehmen zu berichten. Redest du als Verkäufer zu viel, so bleibt dein harmonisches Verhältnis auf der Strecke und deine Glaubwürdigkeit leidet. Die beste Alternative zum Vielreden sind doch deine offenen Fragen und dein aktives Zuhören.

9. Über die wichtigsten Punkte machst du dir Notizen.
Jeden einzelnen deiner Gesprächspunkte kannst du später im Büro nach verfolgen, so gut sind deine Gesprächsnotizen. Je mehr Notizen du dir gemacht hast, umso weniger hast du gesprochen.

10. Großartige Verkäufer halten sich mit voreiligen Zusagen zurück und sind dafür schnell mit den Ergebnissen. Sie versprechen nicht zu viel und damit halten sie den Ball flach. Wird zu viel Versprochen und nicht eingehalten, führt das zu Enttäuschungen beim Gesprächspartner.

Ich will dir dazu ein Beispiel geben. Als ich zuletzt mit meinem Auto für einen Ölwechsel in der Werkstatt war, sollte ich eine Stunde warten. Als mir aber bereits nach 25 Minuten der Meister meine Autoschlüssel brachte, was glaubst du, welche Gefühle ich in dem Moment hatte? Ich fühlte mich hervorragend, weil der Meister meine Ansprüche weit übererfüllt hatte.

Und vergiss das nicht: in diesem Fall setzte der Meister die Erwartungen.

11. Großartige Verkäufer kommen immer etwas eher zu ihren Terminen. Genau auf den Zeitpunkt bedeutet, zu spät zu sein. Deswegen immer einige Minuten früher eintreffen.

12. Großartige Verkäufer sind begeistert. Sie lieben den Beruf des Verkäufers und identifizieren sich damit. Sie glauben an sich, an die Produkte und an das Unternehmen. Sie füllen einen Raum mit positiver Energie, sobald sie den Raum betreten. Sie handeln nach dem Leitmotiv von Aurelius Augustinus (Rom, Kirchenlehrer und Rhetoriker 354 bis 430):

„In dir muss brennen,
was du in anderen entzünden willst."

13. Großartige Verkäufer arbeiten ziel- und ergebnisorientiert. Sie haben eine komplette Einwandbehandlung für jedes Verkaufsgespräch. Sie führen keine unqualifizierten Telefonate, da das reine Zeitverschwendung für sie ist.

14. Sie treffen keine falschen Annahmen. Sie handeln nach Fakten und Realitäten. Sie behandeln ihre Kunden und Interessenten so, wie „SIE" gerne behandelt werden möchten.

Die Goldene Regel nach Immanuel Kant besagt: „*Was du nicht willst, dass man dir tu', das füg' auch keinem anderen zu.*"

Die Platin-Regel besagt, dass du die Menschen so behandeln sollst, wie sie gerne behandelt werden möchten. Johann Wolfgang von Goethe hat das so klar ausgedrückt:

Behandelst du Menschen wie sie sind,
so behandelst du sie schlechter.
Behandelst du sie wie sie sein können,
machst du sie besser.

Denk eine Minute darüber nach und lass es sacken.

Großartige Verkäufer sind dankbar. Sie sind von ihrer Aufgabe überzeugt und erzählen das auch ihren Kunden.

Sie sind auch dankbar für die Unterstützung der Kollegen im eigenen Unternehmen. Das bringen sie auch immer wieder zum Ausdruck.

Der Unterschied zwischen guten Verkäufern und großartigen Verkäufern ist nur gering. Doch ein Unterschied existiert.

Deine fünf größten Feinde im Verkauf

Verkäuferfeind #5: Der Technik-Guru

Typische Berufsbezeichnung: Leiter Technik, Leitender Ingenieur, Chef-Programmierer, Technischer Leiter, neuerdings auch gerne Head Engineer, CTO Chief Technical Officer

Persönliches Markenzeichen: Er ist stolz auf sein technisches Wissen. Er ist überzeugt davon, dass alle Kunden von seinem Wissen beeindruckt sind.

Warum er dein Feind ist: Er glaubt, dass sich die Produkte von alleine verkaufen und alle Verkäufer nur Parasiten sind.

Wie er dich unter Druck setzt: Wenn er Kunden trifft, dann malt er ihnen lang und breit auf, wie die Produkte arbeiten und das sie die besten auf der Welt sind. Und wenn die Gesprächspartner seinen Erklärungen nicht folgen können, dann bezeichnet er sie als Dummköpfe.

Wie du mit ihm kooperieren kannst: Halte ihn fern von deinen Kunden. Wenn sich allerdings ein solcher Kontakt nicht vermeiden lässt, dann bereite deine Kunden vorausschauend auf das Ereignis vor. Sie werden ihn dann nicht für seriös nehmen.

Warnung: Er wird dich gnadenlos schlecht machen, wenn du seine Kompetenzen in Frage stellst.

Verkäuferfeind #4: Der Erbsenzähler

Typische Berufsbezeichnung: Finanz-Chef, Leiter Finanzen, Leiter Controlling, Leiter Buchhaltung, neuerdings auch gerne Head-Account, CFO Chief Financial Officer

Persönliches Markenzeichen: Denkt nur darüber nach, wie er Geld einsparen kann. Spielt für ihn keine Rolle, welche Kosten dadurch auftreten.

Warum er dein Feind ist: Er sieht den Verkauf als Kosten an und weniger als einen wichtigen Unternehmenskern.

Wie er dich unter Druck setzt: Er entwickelt Regeln und Durchführungsverordnungen, die einen Verkauf unmöglich machen. Beispiel: Radikale Reduzierung des Reisekosten-Budgets für Verkäufer, die nur noch in einem begrenzten Radius ihre Kunden und Interessenten besuchen können.

Wie du mit ihm kooperieren kannst: Bereite ihn auf entspannte Art darauf vor, wie viel Umsatz und Profit allein bei dir dadurch verloren gehen. Bereite eine Excel-Datei o.ä. vor und beeindrucke ihn mit deinen Zahlen.

Warnung: Sobald du frustriert bist, wird ihn das nur noch stärker ermuntern. Er weiß, wenn du dich unwohl fühlst, hat er einen guten Job gemacht.

Verkäuferfeind #3: Der böse Mann

Typische Berufsbezeichnung: Leiter Marketing, Vize-Präsident Marketing, Marketing-Manager, neuerdings auch gerne CMO Chief Marketing Officer,

Persönliches Markenzeichen: Er geht davon aus, dass Marketing den Vertrieb steuert. Oder das der Vertrieb nur der verlängerte Arm des Marketing ist.

Warum er dein Feind ist: Er addiert nur die Kosten für den Vertrieb, aber lässt die Werte für den Vertrieb außen vor.

Wie er dich unter Druck setzt: Er gibt viel Geld aus fürr Produkt-Videos und bunte Broschüren. Inhalt: nur bla – bla – bla. Kunden und Interessenten langweilen sich bei der Präsentation und reiben sich die verschlafenen Augen.

Wie du mit ihm kooperieren kannst: Seine Aufgabe besteht ja darin, dir werthaltige Leads zu präsentieren. Macht er das nicht, lass dir für jeden Kunden den du bringst, 500 Euro gutschreiben.

Warnung: Er hat sein ahnungsloses Management gut im Griff und alle weisen gerne darauf hin, wie wertvoll der Bereich Marketing doch ist.

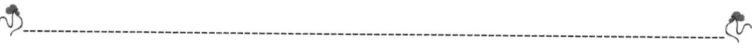

Verkäuferfeind #2: Der Diktator

Typische Berufsbezeichnung: Verkaufsleiter, Vertriebsleiter, Teamleiter Vertrieb, neuerdings gerne auch General Account Manager, Vice President Sales, CSO Chief Sales Officer

Persönliches Markenzeichen: Er glaubt, als Leiter des Verkaufsteams muss er alles kontrollieren, was seine Mitarbeiter sagen und tun. Stellt er sie eine halbe Stunde in den Senkel, dann hat er sie nach seinen Angaben gecoacht.

Warum er dein Feind ist: Er schafft eine negative Umgebung, die es dir schwer macht, noch erfolgreich zu verkaufen.

Wie er dich unter Druck setzt: Er geht deine Verkaufstermine mit dir durch, spricht von deinen Abschlüssen und macht dich vor versammelter Mannschaft madig für das schlechte Ergebnis.

Wie du mit ihm kooperieren kannst: Halte dich von seinem Büro fern so oft es nur geht. Lass ihn auch im Dunkeln über deine kommenden Abschlüsse, die du in der Pipeline hast.

Warnung: Möglicherweise will er ein CRM-System installieren und dann kann er dich tagesgenau mit dem Navigationssystem kontrollieren. Schon heute werden Kontrollanrufe durchgeführt. Vorgeschobene Begründung: Zufriedenheitsanalyse. Echter Grund: Kontrolle. Jede Pinkelpause muss dann intensiv begründet werden.

Verkäuferfeind #1: DU

Typische Berufsbezeichnung: Verkäufer, Vertriebsbeauftragter, Berater, Handelsvertreter, neuerdings auch gerne Key-Account-Manager, Kontakter, Business-Botschafter.

Besondere Charakteristik: Du nimmst dir einfach nicht die Zeit, deinen Horizont zu erweitern. Verkaufsmethodik, Verkaufswissen, Einstellung, Begeisterung, Nutzenanalyse, Fragetechnik, Preisgespräche und andere Punkte des Verkaufsprozesses sind dir fremd. Auf die fünf wichtigsten Kunden-Einwände hast du keine Antwort.

Warum du dein größter Feind bist: Du bist für deinen Verkaufserfolg verantwortlich. Egal, auf welche Feinde und Probleme du jeden Tag in deinem Verkaufsgebiet triffst.

Wie du dich unter Druck setzt: Endloses Palaver. Du sprichst mehr beim Kunden als das du zuhörst. Präsentationen sind von dir schlecht vorbereitet. Deine Zusagen hältst du nicht ein usw. usw. usw.

Wie du mit deinen Limitierungen kooperieren kannst: Beseitige sie. Entscheide dich jetzt hier und sofort, dass du der BESTE in deinem Fach sein willst. Triff eine Vereinbarung mit dir und dann starte durch. Du weißt genau, was du zu tun hast.

Warnung: Wenn du diese Vereinbarung jetzt mit dir triffst und du die ersten Aktivitäten startest, keine von den vier anderen Feindbildern wird dich davon abhalten, erfolgreich im Verkauf zu werden.

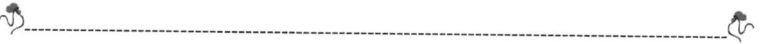

Anlage I

Kaufmotive:

#1: Wirtschaftlichkeit: Gewinn, Profit
- Wie verdienen Ihre Kunden mit Ihrem Produkt mehr Geld?
- Wie nutzt Ihr Kunde seine bestehende Investition besser mit Ihrem Produkt?
- Wer zahlt Ihrem Kunden für die Investition noch etwas hinzu?
- Welche Ausgaben fallen für den Kunden durch das Produkt weg?
- Wie spart Ihr Kunde mit dem Produkt Zeit und Geld?
- Wie kann Ihr Kunde sich zeitsparend auf Wichtigeres (oder etwas, das er/sie lieber tut) konzentrieren?

#2: Komfort, Vergnügen, Bequemlichkeit, Ästhetik, Schönheitssinn
- Wie steigert das Produkt den Komfort und die Bequemlichkeit und warum fühlt sich Ihr Kunde besonders wohl?
- Wie macht es das Leben des Kunden schöner und/oder ästhetischer?
- Wie verbessert Ihr Produkt die Atmosphäre und/oder das Raumklima?

#3: Prestige, Stolz, Anerkennung, „In sein", „Dabei sein"

- Wodurch gewinnt Ihr Kunde dank Ihres Produktes an Ansehen und Prestige?
- Wo ist Ihr Kunde der Erste/Einzigartige mit Ihrem Produkt?
- Bei wem erweckt Ihr Kunde Träume und Anerkennung, wenn er das Produkt hat?
- Welche Referenz (Herr/Frau/Kunde/Zeitschrift/Radio/ Fernsehen) empfiehlt Ihr Produkt an Ihren Kunden weiter?
- Wie sind Ihre Kunden „in" mit Ihrem Produkt?
- Zu welcher Gruppe möchte Ihr Kunde auch gehören, bei wem wäre er gerne „dabei"?

#4: Freude, Seelenfrieden, Großzügigkeit, Schenkungs-trieb, Sympathie, Liebe zur Familie

- Wie macht Ihr Produkt Ihrem Kunden Spaß und steigert seine Lebensfreude und sein Vergnügen?
- Wie kann Ihr Kunde sich selbst mir Ihrem Produkt etwas Gutes tun?
- Wie kann Ihr Kunde mit Ihrem Produkt anderen etwas Gutes tun und seine Großzügigkeit und Sympathie zeigen?
- Wie drückt Ihr Kunde mit Ihrem Produkt sein Liebe zur Familie aus?

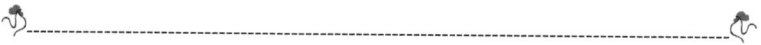

#5: Sicherheit: Selbsterhaltung, Gesundheit, Risikofreiheit, Sorgenfreiheit

- Wie fühlt sich Ihr Kunde sicherer durch Ihr Produkt?
- Wie verbessert das Produkt die Gesundheit oder die Lebensgrundlage des Kunden?
- Welche Unannehmlichkeiten vermeidet Ihr Kunde durch die Benützung Ihres Produktes und welche Sorgen muss er sich nicht mehr machen?
- Wie sichert Ihr Produkt den Fortbestand des Unternehmens oder der Lebenshaltung Ihres Kunden?

#6: Ökologie und Umwelt

- Welche umweltschonenden Ressourcen werden in der Produktion eingesetzt?
- Green energy mit entsprechend hoher Energieeffizienz
- Erfolgt die Haltung Artgerechte Haltung

Werner F. Hahn

Werner F. Hahn ist Verkaufstrainer, Coach und Fachbuchautor. Ein Mann aus der Praxis mit vielen Jahren Berufserfahrung, der zum exklusiven Kreis der wenigen Trainer gehört, die das Verkaufen von der Pike auf erlernt haben.

Hahn gibt Verkaufsseminare, 5-Std.-Powertrainings, bringt frischen Wind in Vertriebsmeetings, ist ein sympathisch motivierender Gastredner, coacht mit Training on the job, ist achtfacher Buchautor und gibt monatlich gratis das E-Mail-Magazin "*sales vitamins frische Vitamine für besseres Verkaufen*" an über 5.000 Verkäufer heraus. Seine Seminare und Trainings haben bisher über zehntausend Teilnehmer erfolgreich absolviert und einige tausend Verkäufer wurden direkt am Arbeitsplatz gecoacht.

Das Ergebnis:

- sofortige Erfolge im Auftragseingang,
- wecken von neuen Energien,
- Stärkung der Motivation und
- das gesamte Vertriebsteam hat Spaß daran, im Verkauf tätig zu sein.

Ob das Verkaufstalent in die Wiege gelegt wird? Sicher ist: Hahn hat "Verkaufen" von der Pike auf gelernt. In allen Stufen des Vertriebs - vom Assistent bis zum Geschäftsführer.

Seit 1989 bietet er sein Wissen und seine Erfahrung als selbstständiger Verkaufstrainer und Fachbuchautor an. Seine Kunden bilanzieren: Mit Werner F. Hahn haben wir einen Trumpf gezogen: für

mehr Aufträge, steigende Umsätze und höheren Verdienst. Heute zählt Hahn zu den effizientesten Dienstleistern der Branche.

Seine Methoden:

Hahn bildet aus: vom Verkaufs-Assistent bis zum Profi-Verkäufer. Meine Schwerpunkte sind: Neukundengewinnung, Kaltakquisition, Präsentationstechnik, Messetraining, Refresher-Training, Vorteil-/Nutzenargumentation, Einwandbehandlung, Fragetechnik, Rhetorik, Preisgespräche und Preisverhandlung, Abschlusstechniken, Mitarbeiter-Motivation, Verhandlungstechnik, Sprache im Verkauf, Stärkung im Wettbewerb, Key-Account-Verkauf, Kommunikations- und Telefontraining, Verkaufen am Telefon.

Hahn trainiert Verkäufer in authentischen Situationen, auch direkt beim Kunden. Diesen Schwerpunkt seiner Methode dokumentieren zehntausende Kaltakquisitionen per Telefon und tausende gemeinsame Kundenbesuche mit und ohne Termin. Hahn legt den Finger in offene Wunden und zeigt, wie es besser und erfolgreicher gemacht wird. Daraus resultieren Sofort-Erfolge, die bei den Teilnehmern neue Energien wecken, ihre Motivation stärken und wieder richtig Spaß daran vermitteln, Verkäufer zu sein.

Seine Referenzen:

Bisher haben mehr als 14.000 Teilnehmer seiner unternehmensinternen und öffentlichen Trainings und Workshops ihre Motivation und ihre Umsätze messbar gesteigert. Über 1.693 Verkäufer hat er persönlich gecoacht - direkt am Arbeitsplatz im Unternehmen oder vor Ort beim Kunden mit seinem bewährten Training on the job.

Verkäufer ....

- aus allen mögliche Branchen,
- in Kleinbetrieben ebenso wie in Top 50 Unternehmen und DAX-Konzernen,
- von Dienstleistungen, Gebrauchs-, Konsum- und Investitionsgüter und
- bei Investitionsvolumen von mehr als 10 Mio. Euro ebenso wie von Produkten um € 5.- das Stück.

Mit seinen Verkaufstrainings

- steigert er Ihren Auftragseingang, Umsatz und Ertrag um 20, 50 oder mehr Prozent;

- reduziert er die Anzahl der verloren gegangenen Aufträge und sichert so zusätzlichen Umsatz;

- qualifiziert er Ihre Mitarbeiter direkt am Arbeitsplatz im Tagesgeschäft und motiviert sie zu Höchstleistungen;

- gibt er klare Handlungsanweisungen und vermeidet das übliche Marketinggeschwafel;

- lernen Ihre Mitarbeiter praxisidentische Tipps, die sie sofort nach dem Hören im nächsten Kundengespräch einsetzen und Mehrumsätze erzielen.

Ergebnis: Sie erreichen damit Sofort-Erfolge, die bei ihren Verkäufern neue Energien wecken, ihre Motivation stärken und wieder richtig Spaß daran vermitteln, Verkäufer zu sein.

Sein Tipp: Entscheiden Sie sich bewusst für einen Trainer, der ein Praxistraining für Verkauf und Akquise anbietet – mit entsprechend hohem Grad an Interaktion, an Übungen und Vertiefungsfällen aus der Praxis der Teilnehmer.

Wenn Sie für Ihre Ziele einen Profi brauchen, der es schafft, in freier Rede Bilder zu erzeugen und Geschichten zu erzählen, die bei den Teilnehmern hängen bleiben, dann fragen Sie jetzt die Verfügbarkeit von Werner F. Hahn an.

Fast <u>dreißig Fachbücher bzw. eBooks</u> liefern einen breiten Einblick in das Fachwissen des Autors und Referenten Werner F. Hahn und unterstreichen auch den hohen Anspruch, seinen reichhaltigen Erfahrungsschatz an andere Verkäufer mit Begeisterung weiterzugeben.

So erreichen Sie Werner F. Hahn:

Telefon: 0171 – 650 56 90
Internet: <u>www.wernerhahn.de</u>
Blog Verkaufen: <u>www.wernerhahn.de/sales-vitamins</u>
Podcast to go: Gib im iTunes Store als Suchbegriff ein *Verkaufstrainings* – dann hast du Zugriff auf deine automobile Universität. Oder du gehst auf die Seite <u>www.wrnerhahn.de</u> und klickst den passenden Podcast an.

E-Mail: <u>salesman@wernerhahn.de</u>
Facebook: <u>https://www.facebook.com/VerkaufstrainingWFHahn/</u>
YouTube: <u>http://youtu.be/c9sh1bMFph0</u>
XING: <u>https://www.xing.com/profile/WernerF_Hahn</u>
Twitter: <u>https://twitter.com/WernerFHahn</u>
Google+:
<u>https://plus.google.com/u/0/+VerkaufstrainerWernerFHahn/posts</u>
LinkedIn: <u>http://de.linkedin.com/pub/werner-f-hahn</u>

Literaturverzeichnis:

"Alle literarischen Werke sind Plagiate,
ausgenommen das Erstwerk, das
meistens unbekannt ist."
Jean Giraudoux

Brooks, Mike	More Value
Destroy, E.-Norbert	Sich durchsetzen in Preisgesprächen
Hahn, Werner	111 Verkäuferfragen
Hahn, Werner	88 typische Verkäuferfehler
Hahn, Werner	Mach den Abschluss
Konrath, Jill	Irresistible Value Propositions
Pink, Daniel	MEHR WERT
Simon, Hermann	Preisheiten
Thieme, Kurt	Preisdruck?

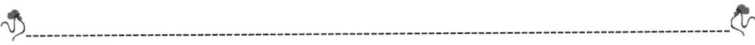

Haftungsausschluss:

Der Autor übernimmt keinerlei Gewähr für die Aktualität, Richtigkeit und Vollständigkeit der bereitgestellten Informationen in diesem eBook. Haftungsansprüche gegen den Autor, welche sich auf Schäden materieller oder ideeller Art beziehen, die durch die Nutzung oder Nichtnutzung der dargebotenen Informationen bzw. durch die Nutzung fehlerhafter und unvollständiger Informationen verursacht werden, sind grundsätzlich ausgeschlossen, sofern seitens des Autors kein nachweislich vorsätzliches oder grob fahrlässiges Verschulden vorliegt.

Meine Angebote sind freibleibend und unverbindlich. Als Autor behalte ich mir es vor, Teile der Seiten oder das gesamte Angebot ohne gesonderte Ankündigung zu verändern, zu ergänzen, zu löschen oder die Veröffentlichung zeitweise oder endgültig einzustellen.

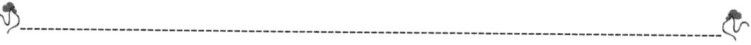

Danke!

Im Regelfall bedankt sich der Autor bei seinem Schwippschwager, seiner Schweigermutter und allen anderen Personen, die ihm besonders nahe stehen und/oder standen. Ich bedanke mich heute bei dir als mein Kunde, der du dieses Buch gekauft hast und damit mein Bankguthaben hast ansteigen lassen.

Die gute Nachricht: setzt du die Punkte aus diesem Buch konsequent um, dann wird das zu einer prall gefüllten Geldbörse bei dir führen. Und wenn zwei Geldbörsen prall gefüllt sind, ist das für uns beide eine win-win-Situation!

Partner: Angela D. Kosa – Neuro Communication Designer

„Was macht ein ‚Neuro Communication Designer'?", werden sich die meisten jetzt fragen. Diejenigen, die vermuten, dass es etwas mit Neuromarketing und (Web-)Design zu tun haben könnte, kommen der Antwort schon recht nahe.

Als ehemaliger Key Account Manager und leidenschaftlicher Verkäufer hat die Betriebswirtin Angela D. Kosa sich darauf spezialisiert, „im Kunden zu denken" und die Kundenansprache so darauf abzustimmen, dass sie in dessen limbischem System den „Habenwollen-Reiz" auslöst.

Das Ziel ist, authentisch genau den Persönlichkeitstyp unter den potenziellen Kunden anzusprechen, mit dem der Anbieter den größten Spaß hat.

Am meisten verbreitet ist in der Kundenansprache aktuell immer noch die „Schrotflinten-Methode": blindlings auf die Kundenmasse zielen und darauf hoffen, zufällig jemanden zu treffen, der dann nach zäher Überzeugungsarbeit Kunde wird.

Angela D. Kosa geht mit ihrer „ThinkClient!"-Methode beispielsweise bei der Erstellung von neuro-responsive Websites den neuen, effizienteren Weg:

Das „Neuro-Profiling" des Auftraggebers und dessen „Wunschkunden" gibt die Zusammensetzung des Köders vor, der auf der Website ausgelegt wird. Denn die meisten beschäftigen sich vielleicht damit, wie sie bei Google besser gefunden werden, verschwenden dann jedoch leider keinen Gedanken daran, was der Interessent zu sehen

und zu lesen bekommt – also, ob das Angebot im Besucher der Website den „Habenwollen-Reiz" auslöst.

Das Ergebnis des Neuro Communication Designs nach der „ThinkClient!" Methode von Angela D. Kosa ist:

- Auslösen des „Habenwollen-Reizes" bei dem vorgegebenen Persönlichkeitstyp des Wunschkunden („Geschäftsführer" als beispielhafte Definition für den Wunschkunde reicht bei weitem nicht aus!)
- Der Interessent hat schon gekauft, bevor er den finalen Preis kennt. Somit entfallen lästige Preisverhandlungen. Stattdessen werden Rechnungen vollumfänglich und pünktlich bezahlt.
- Exzellente Referenzen, hohe Weiterempfehlungsquoten, gute Aussichten auf Folge-Aufträge.

Somit steht „Neuro" für alles, was sich im Rahmen einer Kaufentscheidung im limbischen System des Kunden abspielt und „Communication" für eine Ansprache, die exakt dem Persönlichkeitstyp des Wunschkunden entspricht. Unter „Ansprache" wird alles zusammengefasst, was Reize im Gehirn bzw. Unterbewusstsein auslöst.

Dazu zählen u.a. Logo, Bilder, Slogans, Farben, Formen, Layout (Reihenfolge der Informationen, z.B. bei einer Website oder Präsentation) sowie die gezielte Wortwahl.

Und schließlich beinhaltet „Design" die wertschöpfende Gestaltung der einzelnen Bestandteile.

Angela D. Kosa, Neuro Communication Designer
Web: http://think-client.de sowie http://my-seo-star.com
Kontakt: info@my-seo-star.com

Partner: Gregor Zawadzki, Dipl.-Designer

Vom guten Design zum zielführenden Design als Wertschöpfung

Dass ein "*gutes Design*" wichtig und renditerelevant ist, ist bei den Unternehmen längst angekommen. Doch was ist eigentlich "*gutes Design*"?

Gilt hier "*Je teurer, desto besser*"? oder je größer, lauter oder auffälliger? Manch ein selbsternannter "*Profi Designer und Marketer*" würde jetzt losrufen "*Wir müssen uns von den Anderen abheben!*", "*Wir müssen anders sein als die Anderen!*" Doch so simpel ist die Formel sicher nicht.
UND - Anders zu sein ist ganz schön anspruchsvoll! Nehmen Sie die vielen Flaschen Shampoo im Regal des Drogeriemarktes - so steht Ihr Unternehmen zwischen den Anderen. Jede Flasche ist ANDERS, die eine auffälliger, bunter, schriller, wunder-versprechender als die Andere - und doch alle GLEICH!

Nun, jede Shampoo Flasche in diesem Drogeriemarkt hat zumindest einen wichtigen Punkt erfüllt, den der "*selbsternannte Profi*" ausblendet: Sie hat sich in Ihrem Bereich eingegliedert, sie läuft nicht Gefahr mit einer Ketchup Flasche verwechselt zu werden. Ihre Chancen, als eine unter den Anderen gewählt zu werden, sind dadurch bereits als Fundament vorhanden.

Was bedeutet das nun für das Design eines Unternehmens, einer Firma, eines Produktes? Das bedeutet, dass der Profi genau untersuchen muss, wie die Branche aufgebaut ist, wie sich die Konkurrenzprodukte präsentieren – der Designer muss wissen, in welcher Liga Sie als Kunde in der Zukunft mitspielen wollen!

Erst wenn das Fundament gelegt und ein Design erarbeitet ist, das sich in eine Branche, eine Produktpalette, in eine Liga eingegliedert hat, werden Sie durchstarten und beginnen ANDERS zu sein. Da gilt es ein USP zu erarbeiten, welches Grundlage ist durch die Einzigartigkeit ANDERS zu sein.

Ist das dann bereits "*gutes Design*"? Es ist zumindest das Fundament jeden guten Designs!

Oft wird Design mit Schönheit und Ästhetik in Verbindung gebracht. Ist ein schönes und ästhetisches Design ein Garant für "*Gutes Design*"?
Auch da steht man nur vor der halben Wahrheit. Design verbindet die Formgebung mit der FUNKTION.

Ein Beispiel:
Wir haben eine Produktpallette mit Mittelklasse-Produkten und wollen eine Wertschöpfung mit Hilfe des Designs erreichen. Was machen wir?

Wir kommunizieren die Mittelklasse-Produkte im hochwertigen, schönen und ästhetischen Design, dann werden wir die Produkte teurer verkaufen und steigern damit den Gewinn. Richtig?

Das kann beim Kunden folgende Gedankengänge auslösen:
"*Das ist alles bestimmt zu teuer für uns!*"
"*Haben die nichts in einer anderen Preisklasse?*"
"*Ich brauche das Beste vom Besten, haben die nichts Hochwertiges?*"

Durch gezieltes Design kann man den Verkauf so steuern, dass alle Produkte einen Abnehmer finden. Ein "*billig*" wirkendes Produkt kann ein anderes Produkt aufwerten und gleichzeitig den

Schnäppchenjäger ansprechen. Ein besonders hochwertig wirkendes Design kann ebenso für viele Käufer einen höheren Preis rechtfertigen.

Übrigens: Selbst Schnäppchenmärkte mit ihren Standardprodukten erkennen, wie wichtig "*Gutes Design*" sein kann.

Fakt ist: Ein "*gutes Design*" entwickelt sich zu einem "*zielführenden Design*".

ingenium – Design und Kommunikationsmedien, Mainz
Dipl.-Designer Gregor Zawadzki
www.ingenium-design.de

1-Tages-Intensiv-Training:

Wie Rabatte dein Geschäft ruinieren und wie du ab sofort zum Listenpreis verkaufst!

- *83 Prozent der Unternehmen erleben einen starken Preisdruck*
- *58 Prozent bezeichnen die Situation offen als Preiskrieg*
- *Nur 37 Prozent der Unternehmen gelingt es, ihre Preisforderungen am Markt durchzusetzen*
- *77 Prozent der Unternehmer sagen, dass eine Preiserhöhung nur über neue Produkte möglich sei.*
- *72 Prozent der Neuprodukte verfehlen allerdings ebenfalls die in sie gesetzten Preiserwartungen*
- *Jedes vierte Unternehmen hat nach eigener Aussage nicht ein Produkt im Angebot, das die gesetzten Gewinnziele erreicht.*

Verrückte Welt: Meine Trainingsteilnehmer sagen mir: *"Werner, ohne Rabatt läuft nichts mehr!"*
80% der Preisdurchsetzung hängen von einer guten Vorbereitung ab und nur 20% von der Verhandlung selbst.
Erstaunlich ist, dass die Topp-20%-Verkäufer keine oder nur ganz wenige Probleme mit Rabatten in der Preisverhandlung haben. Was machen diese Verkäufer anders und besser?

In diesem 1-Tagestraining lernst du:

- Das Märchen vom Gewinn
- Der Anfang vom Ende: Rabatte, Boni, Nachlässe ....
- Welche Rabatt-Signale sendest du aus?
- Welche Bedeutung die 3+3+3-Regel plus DNS für dich im Verkauf hat
- 8 Fragen die du dir stellen solltest, sobald du an Rabatt denkst
- Was Rabatte wirklich kosten

- Wie Rabatte deinen Gewinn schmälern
- So viel Mehrumsatz müssen deine Rabatte bringen
- Die unverstandene Rolle des Preises
- Sie sparen die Mehrwertsteuer von 19% und machen Profit? Da kann wohl einer nicht rechnen
- Rabattierte Preise bringen dir rabattierte Kunden
- Probleme beim Abschluss? Rabatte helfen dir nicht weiter
- Der Preis ist die Waffe des Einkäufers - als Verkäufer schlägst du mit dem WERT des Produktes zurück
- Ein einfacher Weg um Rabatte zu vermeiden
- Ist dein genannter Preis wirklich dein endgültiger Preis?
- Einwand-Behandlung? HURRA - das sind doch

Kaufsignale! Einwände verstehen und den Kunden zum Teil der Lösung machen.

Termin: nach Absprache

Ort: deutschlandweit

Deine Investition: € 499 plus MwSt. pro Teilnehmer

Hohe Lernquote, da max. 10 Teilnehmer.

Meine Geschenke:

- 30 Minuten 1:1 Life-Telefon-Coaching nach dem Training (ich beantworte Ihre Fragen und zeige Lösungen auf)
- Das Fachbuch: *Mehr Termine. Mehr Aufträge.*
- Das Fachbuch: *111 Verkäuferfragen & 111 professionelle Antworten*
- eBook: 30 Tage Aktionsplan zum Erfolg
- eBook: Kaltakquisition

Wert der Geschenke: € 249

Dieses Training führe ich auch unternehmensindividuell durch. Ihre Anfrage senden Sie an: werner@wernerhahn.de